THÉATRE

DE CAMPAGNE

THÉATRE
DE CAMPAGNE

CINQUIÈME SÉRIE

Abraham Dreyfus — A. Billet — H. Bocage
E. d'Au — A. Decourcelle — E. Guiard
J. Guillemot — E. d'Hervilly — E. de Najac
C. Narrey — A. Raibaud
J. de Rieux — E. Verconsin

Deuxième édition.

PARIS

PAUL OLLENDORFF, ÉDITEUR

28 *bis*, RUE DE RICHELIEU

1879

HO! LE VERT!

Bouffonnerie en un acte

Par M. Charles Narrey.

PERSONNAGES

CINGLETON, MEMBRE DE PLUSIEURS ACADÉMIES DE PROVINCE.

ANATOLE FRIVOLEY, SON NEVEU.

LE DOCTEUR LEVERT.

VÉRONIQUE, FILLE DE CINGLETON.

UN DOMESTIQUE.

HO! LE VERT!

Un salon à la campagne.

SCÈNE PREMIÈRE

CINGLETON, UN DOMESTIQUE.

CINGLETON, avec volubilité.

Continue, continue, mon garçon, je comprends pertinemment ton langage pittoresque, bien qu'il soit émaillé d'incorrections flagrantes.

LE DOMESTIQUE

Il...

CINGLETON, interrompant.

Continue, mon garçon, ne te laisse pas intimider par ma haute réputation, je sais faire la part de chacun; tu es, toi, un pauvre hère dont l'intellect est resté en friche; et moi, j'ai l'insigne honneur d'être membre de plusieurs académies de... province... continue...

LE DOMESTIQUE

Mais...

CINGLETON, même jeu.

Continue, mon garçon, continue... tu disais donc que

mon neveu Anatole Frivoley a quelque chose de plus que le commun des humains.

LE DOMESTIQUE

D'abord, monsieur, je n'ai pas dit qu'il fût humain, à preuve qu'il tue des lapins dans la garenne, (*Rire bruyant de Cingleton.*) et puis j'ai dit quelque chose de moins.

CINGLETON

De plus, de moins. Quand il s'agit d'adverbes comparatifs, les extrêmes se touchent.

LE DOMESTIQUE, se frappant le front.

C'est là, qu'est le mal... Je le crois pris du cerveau.

CINGLETON

Du cerveau ?.. C'est un rhume ! Vois-tu, mon garçon, rien n'échappe à un membre de plusieurs académies... de province... continue.

LE DOMESTIQUE

Le...

CINGLETON

Nous le guérirons... nous n'aurons besoin pour cela que de la décoction de mariage dans laquelle je prétends l'infuser. Va, va prévenir mon neveu. Moi, je m'infiltre dans ce cabinet pour retaper ma toilette.

LE DOMESTIQUE

Ça suffit, monsieur.

CINGLETON

Non... ça ne suffit pas... Je souhaite qu'au préalable

tu fasses étendre à mon intention quelque nourriture
sur le gril... Je ne haïrais point mordre dans du chaud.

LE DOMESTIQUE

Comme ça se trouve... nous venons de recevoir notre
fromage à la crème.

CINGLETON

J'aurais préféré un demi-quarteron de rognons à la
brochette ; mais va pour le laitage. Je ne suis pas
l'ennemi de ce mets cher aux habitants des beaux val-
lons de l'Helvétie. (*Il entre à droite. Rouvrant la porte
du cabinet.*) Mon garçon !

LE DOMESTIQUE

Monsieur Cingleton ?

CINGLETON

J'ai réfléchi : Un membre de plusieurs académies...
de province ne peut pas, sans enfreindre les lois divines
et humaines, déjeuner comme une gente jouvencelle.
J'ambitionne du bœuf, fût-ce un miroton. (*Il ferme la
porte du cabinet.*)

SCÈNE DEUXIÈME

LE DOMESTIQUE

Je crois l'oncle Cingleton doué d'un appétit d'au-
truche !

FRIVOLEY, entrant un pot à fleurs vert à la main.

Animal ! crétin ! sansonnet ! (*Apercevant le domestique.*) Ah ! te voilà, toi.

LE DOMESTIQUE, *qui marchait derrière lui.*

Oui, me voilà ! moi.

FRIVOLEY

Qu'est-ce que j'ai dit au peintre ? (*Le domestique le regarde la bouche béante.*) Je lui ai dit : Peinturez ce pot comme il vous plaira.

LE DOMESTIQUE

Eh bien ?

FRIVOLEY

Eh bien ! il ne pouvait pas deviner que je ne voulais pas qu'il fût vert. (*Il jette le pot à terre.*) Misérable barbouilleur, je me donne ta démission et je l'accepte. (*Il piétine sur les débris du pot.*) Toi, jette par la fenêtre les restes défigurés de ce hideux vase. Et va-t-en ! (*Avec colère.*) Mais va-t-en donc !

LE DOMESTIQUE

Monsieur, c'est que je dois dire à monsieur que quelqu'un demande monsieur.

FRIVOLEY

Quelqu'un ? qui ? quoi ? un homme ? une femme ?.. Je ne veux voir personne.

LE DOMESTIQUE

Mais la personne veut voir monsieur, elle ; et elle se dit votre oncle Cingleton.

FRIVOLEY

Mon oncle Cingleton !

SCÈNE TROISIÈME

FRIVOLEY, CINGLETON.

CINGLETON

Lui-même !.. (*Ils s'embrassent.*)

FRIVOLEY

Ce cher oncle !

CINGLETON

Ce cher neveu !

FRIVOLEY

Quelle joie !

CINGLETON

Quel bonheur !

FRIVOLEY

Si nous recommencions nos douces étreintes?

CINGLETON

Volontiers ; mais laisse-moi d'abord me donner de l'air. (*Il déboutonne sa redingote et montre ainsi un gilet d'un vert éclatant.*) (*Ouvrant les bras.*) Maintenant, recommençons nos douces étreintes?..

FRIVOLEY, le repoussant.

Non ! non !

CINGLETON

Quoi, tu te dérobes à...

FRIVOLEY

C'est contre mes us et coutumes.

CINGLETON

Mais tout à l'heure... il y a un faible laps..

FRIVOLEY

Tout à l'heure, il y a un faible laps... ce n'était pas comme en cet instant.

CINGLETON, à part.

Quel est ce *mystè...re* ?

FRIVOLEY

Il vient de me pousser un préjugé.

CINGLETON

A quel endroit ?

FRIVOLEY

A l'endroit des hommes et des choses.

CINGLETON

Quelle est ta manière de voir ?

FRIVOLEY

Elle m'empêche de vous regarder en face.

CINGLETON

Moi?.. (*A part.*) Est-ce que les propos de son Scapin seraient de la plus déplorable exactitude ?

FRIVOLEY, fixant toujours le gilet de Cingleton.

Mon oncle, je vous demande une grâce! (*Mouvement de Cingleton.*) Par tout ce que vous avez de plus sacré au monde... je vous prie...

CINGLETON, à part.

Quel est ce *mystè...re* ?

FRIVOLEY

Je vous abjure d'ôter votre gilet vert.

CINGLETON

Mon gilet...

FRIVOLEY, tombant aux genoux de Cingleton.

Vert, j'embrasse vos genoux !

CINGLETON, le relevant.

J'obtempère à ta fantaisie ; mais je la trouve... fantasque.

FRIVOLEY

Mon oncle !

CINGLETON, ôtant redingote et gilet.

Eh bien! non, je ne la trouve pas fantasque. (*A part.*) Quel est ce *mystè...re*? (*Il remet sa redingote.*)

FRIVOLEY

Merci, merci!.. faisons-en un auto-da-fé !

CINGLETON

Non, je le garde pour en confectionner un jour des paletots à tes fils.

FRIVOLEY

Mes fils ! à moi ?

CINGLETON

On se marie pour donner des petits gommeux à la

France, et je tombe chez toi pour cimenter une union qui est le rêve de mes cheveux... châtains !

FRIVOLEY

Il faudra me traîner à l'autel.

CINGLETON

Pourquoi ?

FRIVOLEY, avec exaltation.

Je n'ai rien à répondre. Je ne répondrai rien.

CINGLETON

Tu te retranches dans ton for intérieur ; mais nous venons t'épouser d'assaut ; et pendant que je battrai en brèche le mur de tes résistances, ta cousine y mettra le feu !

FRIVOLEY, vivement.

Ma cousine !

CINGLETON

L'héritière de mon nom et de mes immeubles... Elle me suit d'excessivement près... Voilà deux mois qu'elle est au sein de sa tante à Brive-la-Gaillarde, et je lui ai intimé l'ordre de me rejoindre ce jourd'hui même en ta villa.

FRIVOLEY

Aujourd'hui ?

CINGLETON

Ce jourd'hui ! D'où je conclus qu'avant que le coq ait chanté trois fois, tu auras embrassé ta future. (*Vivement.*) Mais silence !.. mon cœur bondit ! ma tempe gauche bat la générale !.. mon oreille droite tinte !.. Il

se passe quelque chose !.. Si l'approche de ma fille adorée était la cause de ces phénomènes pathologiques ?..
(*Ouvrant la fenêtre.*) Justement, c'est elle ! Bien que
fort éloignée encore, je la reconnais à sa robe verte.

FRIVOLEY

Une robe verte ! (*Il tombe assis.*)

CINGLETON

Viens la voir.

FRIVOLEY

Une robe verte, jamais ! jamais !.. (*Cingleton va à
lui ; il se lève et se sauve.*) jamais !..

SCÈNE QUATRIÈME

CINGLETON, seul.

Quel est ce mystè...re ?.. Il faut qu'il soit bien profond pour que moi !.. un membre de plusieurs académies... de province, je n'y débrouille rien... de deux
choses... deux... Il a été mordu par quelque chose d'en-
ragé, et la déposition de son Scapin est de la plus déplorable authenticité ; mais Véronique approche. Tiens,
elle emboîte le pas d'un inconnu que je crois recon-
naître... Pourtant... si fait... Non... la voici !

SCÈNE CINQUIÈME

CINGLETON, VÉRONIQUE, LE DOCTEUR LEVERT.

VÉRONIQUE

Mon père !

CINGLETON, regardant le docteur Levert.

Mon enfant !

LEVERT, à Cingleton qui va embrasser Véronique.

Prenez garde !

CINGLETON

Plaît-il ?

VÉRONIQUE

C'est que vous ne savez pas, mon papa...

CINGLETON

Non, je l'ignore absolument; mais... (*Regardant toujours le docteur Levert.*) avant de passer outre, qui dois-je saluer en la personne de Monsieur qui te fait escorte ?

VÉRONIQUE

Mon sauveur !

CINGLETON, saluant Levert.

Pourrait-on sans indiscrétion vous demander, monsieur, de quelle nature fut le danger que vous conjurâtes ?

VÉRONIQUE

L'essieu de la patache brisé...

CINGLETON, saluant.

Monsieur serait charron ?

LEVERT

Non, monsieur, je suis médecin.

CINGLETON

Grand Dieu !

LEVERT

Rassurez-vous, monsieur, une simple foulure au pied
gauche.

VÉRONIQUE

Monsieur a été assez bon pour m'offrir une place dans
sa carriole.

CINGLETON

Monsieur le docteur, cette action sera gravée dans ma
partie reconnaissante. Pourrais-je, sans indiscrétion,
vous demander si vous exercez votre ministère dans cette
étroite localité.

LEVERT

J'y suis tout à fait étranger. J'y viens dans le but de
rechercher une personne...

CINGLETON

Nous causerons de tout cela, homme généreux ; car
vous passerez bien quelques jours avec nous ? — Mon
neveu est un indigène... Il vous donnera tous les renseignements désirables ; et puis vous vous devez au
pied de ma fille.

VÉRONIQUE, *lui faisant signe de rester.*

Mon père a raison. Je boite encore beaucoup. (*Elle marche en boitant.*)

CINGLETON

Vous le voyez, docteur, votre présence est indispensable, pour ne pas dire fort utile.

LEVERT

Je reste donc. Souffrez seulement que j'aille dételer mon cheval.

CINGLETON

Il sera des nôtres, docteur, il sera des nôtres.
(*Le docteur Levert salue et sort.*)

SCÈNE SIXIÈME

CINGLETON, VÉRONIQUE.

CINGLETON

Enfin on a beau être membre de plusieurs académies... de province, cela fait du bien de revoir son fruit après deux mois d'absence. Véronique, laisse-moi te represser paternellement sur mon vaste sein...

VÉRONIQUE, *embrassant son père.*

Il me tardait de vous embrasser, mon papa.

CINGLETON

Je te crois avec orgueil.

VÉRONIQUE

Vous vous êtes toujours bien porté, mon papa ?

CINGLETON

Je ne suis valétudinaire ni de corps ni d'esprit... Je voudrais en pouvoir dire autant de ton cousin.

VÉRONIQUE

Anatole est malade ?

CINGLETON, à part.

Qu'allais-je faire ? (*Haut.*) Non, non !.. et quand il sera ton mari...

VÉRONIQUE

Mais...

CINGLETON

Je veux dire... quand tu seras sa femme.

VERONIQUE

Cependant...

CINGLETON

Véronique, cette union, je la caresse.

VÉRONIQUE

Mon père !

CINGLETON

Je vais te présenter à Anatole, mais point dans ce négligé... va passer une robe plus... une robe moins... va, mon enfant.

VÉRONIQUE, à part en sortant.

J'espère qu'il va venir à mon secours.

CINGLETON, à part, regardant avec amour sa fille qui s'éloigne.

J'ai fait un travail sur la fougère mâle. *Filix non ramosa dentata...*

SCÈNE SEPTIÈME

CINGLETON. FRIVOLEY.

FRIVOLEY, entrant par la droite, le chapeau sur les yeux, à part.

O Babet!.. ô Babet! quel avenir entrelardé de désagréments... un seul grand écart de toi m'a créé !

CINGLETON, regardant la porte et continuant.

J'ai fait un travail sur l'art d'éduquer les melons et de s'en faire 3,000 livres de rente. Mais mon plus bel ouvrage, c'est ma fille !

FRIVOLEY, l'apercevant.

Tiens, mon oncle !

CINGLETON

Tiens, mon neveu! Sais-tu, Anatole, que tu nous reçois ici comme... la comparaison m'échappe, car je me refuse à dire : comme des chiens dans un jeu de dames... enfin, tu n'es pas dans ton assiette ordinaire...

FRIVOLEY

Eh bien, non... où est Vér... où est ma cousine ? J'éprouve le besoin de lui faire connaître les impressions tumultueuses de mon âme... Je suis un homme fort taquiné.

CINGLETON

Toi ?

FRIVOLEY

Moi!

CINGLETON

Et la cause ?

FRIVOLEY

J'ai une marotte !

CINGLETON

Chacun a la sienne. — Si ce n'est que cela, autorise-moi à rentrer dans mon gilet.

FRIVOLEY, avec force.

Jamais. (*Avec douceur.*) Je vais même vous faire une prière. Quand Vér... quand ma cousine se présentera devant moi, engagez-la à ôter sa robe...

CINGLETON, d'un ton de reproche.

Anatole !

FRIVOLEY

Vous ne me comprenez pas. Invitez-la à remplacer par une robe d'une autre nuance sa robe verte.

CINGLETON, étonné.

Verte !

FRIVOLEY

Oui... tout ce qui emprunte cette couleur, bon teint ou non... je l'ai en exécration. (*S'animant.*) La vue du vert m'agace ! me crispe ! me fait mal !

CINGLETON

En voilà bien d'une autre ! Ah ! si c'était le bleu !

FRIVOLEY

C'est peut-être bête ; mais c'est ainsi.

CINGLETON

Enfin, tu as des raisons ?

FRIVOLEY

Des raisons, j'en ai un rassemblement ; mais la culmi-
nante, la voici : (*Il va chercher une chaise, puis indique
le canapé à Cingleton.*) J'ai eu vingt-trois ans...

CINGLETON, s'asseyant.

Puisque tu en as vingt-huit.

FRIVOLEY

La preuve est concluante... à cet âge... que j'appellerai tendre, on a des illusions, d'ineffaçables soifs de tendresse et d'amour. J'aimai donc...

CINGLETON

Tu aimas...

FRIVOLEY

J'aimai... avec poésie ! Babet, une jeune blonde, plus
blanche que le lait d'une brebis noire... La perfide, à la
veille de m'octroyer sa main en légitime douaire, sachez
ce qu'elle me fit...

CINGLETON, cherchant.

Ce qu'elle te fit ?.. Une paire de bretelles? des pan-
toufles en tapisserie ? une bourse au crochet ?

FRIVOLEY

Ne cherchez plus... écoutez... et frémissez ! Le jour
sus-dénommé, j'arrive chez ma dulcinée, le cœur plein
d'ambroisie et de miel... de Narbonne. — Vous le dirai-je ?
Oui ! — J'entre dans son appartement, bien décidé à la
presser sur mon cœur. Un fauteuil solitaire me tend les

bras... J'y tombe ! un cri aigu s'échappe de ma poitrine.
Quelque chose de pointu venait de me prendre en
traître !..

CINGLETON

Tu piques ma curiosité.

FRIVOLEY

Ce n'est pas ma curiosité qui fut piquée.

CINGLETON

Palpitant ! palpitant ! Et ce guet-à-pens ?

FRIVOLEY

Était le fait d'une maudite épingle que je n'aperçus
que postérieurement ; à cette épingle, je pourrais appeler autrement cet instrument de supplice, était attaché
un billet : ce billet, signé Levert, m'avisait de la fugue
de Babet en sa compagnie.

CINGLETON

Ventre saint-gris !

FRIVOLEY

La lecture de ce poulet me fit l'effet d'une volée de
bois vert, appliquée sur les tempes. Je m'affaissai sur
moi-même, et je me mis à faire des rêves insensés. Je
battis la campagne ; mais une campagne verdoyante,
émaillée de fleurs vertes ignorées des botanistes ! Des
myriades de perruches, de pinsons, de verdiers et de
sauterelles voltigeaient dans les cieux verdâtres... Les
eaux vertes regorgeaient de langoustes, de crevettes,
d'écrevisses et de homards avant leur entrée dans la
marmite et dans le dictionnaire. Arbres, fleurs, bêtes et
gens, tout était vert ! Enfin, je sortis de ce cauchemar

unicolore et je récapitulai mon passé. Il me fut prouvé que le vert avait toujours fâcheusement déteint sur mon individu ; ainsi, étant enfant, je faillis étouffer pour avoir abusé d'un plat de pois verts. Je fus condamné à copier cent fois le verbe *verdir* par un pion qui portait des lunettes vertes... et ma tante, ma tante Verdeau, me déshérita parce que j'avais refusé de jouer au vert, un jeu qui consiste à se couvrir de verdure. Mon oncle, ne remettez jamais votre gilet vert ; mon oncle, ne me parlez plus de me conjoindre avec votre fille qui s'appelle Vér... onique et qui porte une robe verte !

CINGLETON.

Ta ! ta ! ta ! ta ! Tu me contes là des rêves de visionnaire. Je suis membre de plusieurs académies... de province, moi. Je suis un esprit fort, moi ! et je ne comprends pas qu'on ait de l'antipathie pour le vert... Ah ! si c'était le bleu !

FRIVOLEY

Ce n'est pas tout, mon oncle : mon antipathie pour cette couleur me fait commettre périodiquement des choses... pas bien. Exemple : J'avais un verdier, un véritable ténor léger, qui chantait « *la nature va* « *reverdir* » en s'accompagnant sur ses barreaux... Eh bien, je l'ai poussé au suicide à force de mauvaises paroles et en le privant de nourriture.

CINGLETON

Quelle aberration !..

FRIVOLEY

Je continue. Vous croyez que je suis un bon parti pour Vér... pour votre fille ? Erreur !

CINGLETON

Hein ?

FRIVOLEY

J'avais fait de fausses spéculations sur la chartreuse
verte... Saisissez-vous la nuance ?.. Il me restait quelques billets de mille francs. Je les envoie au Havre.
Mon courtier a la trois fois malheureuse idée de les
placer chez un armateur qui expédie au Cap Vert une
cargaison d'absinthe sur un navire intitulé l'Émeraude !.. Saisissez-vous la nuance ? (*Riant comiquement.*)
J'ai pour cent cinquante mille francs d'absinthe. Comment trouvez-vous ma position sociale ?

CINGLETON

Nullement déplaisante et je veux voir Véronique s'y
associer !

FRIVOLEY

C'est un parti pris ?..

CINGLETON

Pris !

FRIVOLEY

Oh ! mon oncle, si je n'avais pas pour vous autant
d'estime que de respect, et si vous n'étiez pas membre
de plusieurs académies... de province, je dirais que vous
êtes un...

CINGLETON, vivement en souriant.

Oui, mais je suis membre de plusieurs académies...
de province... Anatole, tu ris, tu es désarmé... Tu
acceptes ?..

FRIVOLEY

Votre entêtement mériterait une récompense.

CINGLETON

Tu acceptes?

FRIVOLEY

Je n'ai pas dit ça, mais nous verrons. Chut! voici quelqu'un.

SCÈNE HUITIÈME

LES MÊMES, VÉRONIQUE, LEVERT.

CINGLETON, à Véronique.

Approche, naïve créature! (*Bas à Frivoley.*) Comment la trouves-tu ?

FRIVOLEY, bas, à Cingleton.

Je trouve qu'elle a ôté sa robe-verte. (*A Véronique.*) Ma cousine!

VÉRONIQUE

Mon cousin!..

CINGLETON

Enfants, j'ordonne le baiser fraternel!

FRIVOLEY, hésitant.

Si ma cousine le permet...

VÉRONIQUE, timidement.

Si mon père le souhaite...

CINGLETON

J'ai dit : J'ordonne ! (*Il les fait s'embrasser.*)

LEVERT, voulant s'éloigner.

Je suis indiscret, peut-être ?

CINGLETON

Vous, le sauveur de ma fille ! jamais !.. Anatole, je te présente le sauveur de Véronique !

FRIVOLEY, saluant.

Monsieur ! (*Regardant Levert à part.*) Cette tête-là m'a déjà fait vis-à-vis. (*Haut.*) Si je ne me trompe pas, monsieur, nous avons eu l'extrême avantage de nous voir quelque part ?

LEVERT

C'est ce que je pensais de mon côté.

CINGLETON

Vous vous connaissez ?.. Quelle joie. (*Au public.*) Ils se connaissent... Quel bonheur !

LEVERT

Monsieur n'a-t-il pas habité la capitale ?

FRIVOLEY

A satiété !

LEVERT

Monsieur allait-il quelquefois au théâtre national de la Tour-d'Auvergne ?

FRIVOLEY

J'y suis... C'est vous !.. il y a quatre ans !

LEVERT

On jouait...

FRIVOLEY, s'animant.

Passons.

LEVERT

Attendez donc... Le titre...

FRIVOLEY, vivement.

Je ne veux pas me le rappeler.

LEVERT

Parbleu! Vert!..

FRIVOLEY

N'achevez point!

LEVERT, étonné.

Vert!

FRIVOLEY à Cingleton.

Vous l'entendez... je ne lui fais pas dire... Vert!

CINGLETON

Vert!.. je saisis *Vert-Vert!*

FRIVOLEY

Vous applaudissiez à tout rompre; moi je sifflais...
comme un bœuf... non... ça ne se dit pas... je sifflais
comme un phoque, non, c'est soufflais... enfin, je sifflais
à pierre fendre.

LEVERT

Je m'écrie : Quel ouvrage ravissant!

FRIVOLEY

Je réponds : Quelle stupidité !

LEVERT

Vous vous fâchez...

FRIVOLEY

Je vous appelle gâteux, vous levez la main !

CINGLETON

Et tu reçois?..

FRIVOLEY

Un coup de pied dans les basques. Nous nous col-
letons. Monsieur me bat, je crie : « A la garde ! » on
nous conduit au poste où tout s'explique; on nous
élargit. Nous nous tournons, révérence parler, le dos,
et nous ne nous revoyons plus... qu'aujourd'hui !.. (*Lui
tendant la main.*) Enchanté d'avoir refait votre connaissance !

CINGLETON

C'est, ma foi, fort original ; mais fermons la paren-
thèse et songeons à nous replonger dans les joies in-
times de la famille. On a beau être membre de plusieurs
académies... de province, on n'en a pas moins des
entrailles de père. (*A Levert.*) Venez, docteur, ces enfants
ont à causer. (*Haut.*) Véronique, tu peux t'entretenir
avec ton cousin ; ne vous étant jamais vus, vous devez
avoir beaucoup de choses à vous dire...

FRIVOLEY, effrayé du tête-à-tête.

Permettez !..

CINGLETON

Je permets le seul à seul... (*Bas à Frivoley.*) Décidément, tu ne veux pas me laisser rentrer dans mon gilet vert ?

FRIVOLEY

Si fait! quand vous l'aurez fait teindre. (*Cingleton sort en entraînant Levert.*)

SCÈNE NEUVIÈME

FRIVOLEY, VÉRONIQUE.

FRIVOLEY, lorgnant Véronique, à part.

Un pied! un œil! un nez! et pas de vert sur elle. pas de vert!..

VÉRONIQUE, à part.

Comme il me regarde!..

FRIVOLEY, se décidant.

Mademoiselle ?..

VÉRONIQUE, timide.

Mon cousin? (*A part.*) Que va-t-il me dire?

FRIVOLEY, changeant de ton.

Comment vous portez-vous ?

VÉRONIQUE

Je vais mieux, mais comme vous m'examinez!..

FRIVOLEY

Je vais au-delà... je vous contemple... et je vous trouve... appétissante !

VÉRONIQUE, à part.

Ah ! mon Dieu !..

FRIVOLEY, à part, lorgnant la toilette de sa cousine.

Je disais bien du rouge, du jaune, et pas de vert !..

VÉRONIQUE, timidement.

Est-ce que mon père va revenir ?

FRIVOLEY, avec feu.

Qu'il s'en garde bien !.. car j'ai à vous dire des phrases qui ne concernent que nous deux... toi et moi, Vér... ma cousine.

VÉRONIQUE

Toi !

FRIVOLEY

Oui, je vous tutoie... je me permets cette licence... entre germains... entre futurs époux !

VÉRONIQUE

C'est que...

FRIVOLEY, vivement.

Non ! Allons-y à cœur ouvert... les vœux d'un père qui est le vôtre... les vœux d'un oncle qui est le mien tendent expressément vers notre bonheur, en nous faisant passer par le portique de l'hyménée, vous ne l'ignorez pas ?

VÉRONIQUE

Je sais que mon père...

FRIVOLEY

Il suffit... (*Lorgnant à part.*) Pas de vert !.. (*Haut.*) Il suffit !.. C'est à nous de faire le reste... pour ma part, je suis prêt à marcher à l'autel, les yeux fermés... car je vous aime !

VÉRONIQUE

Vous m'aimez ?

FRIVOLEY

Avec surabondance !

VÉRONIQUE

Pourtant mon père...

FRIVOLEY

Est-ce qu'il a clabaudé ?.. Oui ? Il était dans son droit !.. je l'avoue à ma confusion. Ce matin j'ai refusé votre main parce que, butté dans un système que j'appellerais stupide s'il me plaisait de le qualifier, j'avais juré haine à mort au mariage, guerre d'extermination à l'amour. Au lieu d'un cœur j'avais là une boule de neige. (*Mouvement de Véronique.*) Mais elle s'est fondue au feu de vos regards ! Oui, ver... oui, ma cousine, vous me plaisez comme l'avoine plaît aux cavales ! comme l'herbe tendre plaît à la génisse... comme le chardon plaît à... je me refuse à cette troisième comparaison. Bref, j'ai l'agrément de votre père... et je cours prier ce proche parent de nous unir incontinent.

VÉRONIQUE, à elle-même.

Plus d'espoir !

FRIVOLEY, joyeux.

Oh ! oui !.. plus d'espoir que jamais !..

VÉRONIQUE

Cependant...

FRIVOLEY

Rien ! rien ! votre silence est plus éloquent que les brûlantes paroles dont vous aller m'inonder. Je cours... et quand je dis : je cours, je suis au-dessous de la vérité ! Je vole !.. (*Il la lorgne de loin, à part.*) Du blanc, du jaune, du rouge et pas de vert ! (*Il sort en courant.*)

SCÈNE DIXIÈME

VÉRONIQUE, seule.

Il ne veut rien entendre. Il m'aime ! Que disait donc mon père ?.. Il n'est pas déjà si déraisonnable ! mais, moi, j'en aime un autre.

SCÈNE ONZIÈME

VÉRONIQUE, CINGLETON, LEVERT.

(*Cingleton et Levert entrent bras-dessus, bras-dessous ; Levert a des gants verts.*)

CINGLETON

Je suis enchanté, et vous docteur ? Vous aussi ? J'en

suis enchanté... Ce cher Anatole! (*A Véronique quittant le bras de Levert.*) Il vient de me parler d'une façon charmante de toi... de son amour, de votre mariage...

VÉRONIQUE

Notre mariage ?..

CINGLETON

Oui... oui... et j'abonde dans son sens... parce que je crois que pour lui, le remède est là ... le mariage lui sera plus salutaire que trois onces de... (*A part.*) J'allais dire une énormité!.. (*Haut.*) Tu lui sauveras la vie!

VÉRONIQUE

Mais je ne l'aimerai jamais !

LEVERT, à part.

Bien !

CINGLETON

Jamais!.. ma fille, rétractez cet adverbe de temps, où je m'emporte!..

VÉRONIQUE

Mais, mon père, j'en aime un autre !

CINGLETON

Sans mon autorisation!.. Véronique, hâte-toi de passer l'éponge de l'oubli sur un sentiment qui ne fait pas ma gloire et qui ne saurait faire ton bonheur.

VÉRONIQUE

Mon bonheur n'est qu'à ce prix !

CINGLETON

C'est trop cher, demoiselle Cingleton, vous obéirez à
l'auteur de vos jours !..

LEVERT

Ne la brusquez pas, monsieur !

CINGLETON, souriant.

Je ne brusque rien, docteur, j'injonctionne... comme
c'est le droit d'un immortel qui est à la fois père et
membre de plusieurs académies... de province... Mademoiselle, vous épouserez votre cousin, ou vous languirez
dans les cachots du célibat !

LEVERT

Ne voyez-vous pas qu'elle pleure ?

CINGLETON

Elle pleure ! Tu pleures ? ma fille, raisonnons !..

VÉRONIQUE, sanglotant.

Si vous saviez...

CINGLETON

Quoi ?

VÉRONIQUE, sanglotant.

Si vous connaissiez...

CINGLETON

Qui ?..

LEVERT

Monsieur Clingleton.

CINGLETON

Qu'est-ce?

VÉRONIQUE

Celui que j'aime!..

CINGLETON

Eh bien?

LEVERT

Et qui l'aime...

CINGLETON

Au fait!..

VÉRONIQUE

Vous seriez moins cruel?

CINGLETON

Moi?

LEVERT

Vous l'accepteriez...

CINGLETON

Mais...

VÉRONIQUE

J'en suis sûre!..

CINGLETON

Toi?

LEVERT

Je vous le jure!

CINGLETON

Vous ?

VÉRONIQUE

Cherchez bien !

CINGLETON

Où ?

LEVERT

Vous l'avez vu !

CINGLETON

Quand ?

LEVERT

Ici !

CINGLETON

Hein?

VÉRONIQUE

C'est...

LEVERT, tombant aux genoux de Cingleton.

Moi !

CINGLETON

Oh !

LEVERT

J'ai l'honneur de vous demander la main de mademoiselle votre fille.

CINGLETON

Ah !

VÉRONIQUE, *suppliant.*

Mon père !..

LEVERT, *de même.*

Monsieur Cingleton !

CINGLETON, *avec dignité.*

Monsieur, je ne puis entendre de cette oreille-là. (*Levert se lève et se dirige de l'autre côté. — Il le retient.*) C'est une fleur de rhétorique... qui veut dire, en langage simple, que ma fille est promise, et qu'un membre de plusieurs académies... de province de ma corpulence n'a qu'une parole et qu'un poids.

LEVERT

Cependant...

CINGLETON

Assez, vous avez sauvé ma fille, vous en serez récompensé, par les bravos de votre conscience. Quant à vous, mademoiselle, avant le crépuscule, vous aurez épousé mon neveu Anatole Frivoley.

LEVERT

Anatole...

CINGLETON, *saluant.*

Frivoley !.. viens, Véronique... Docteur !.. serviteur de tout mon cœur !

(*Il entraîne Véronique et sort.*)

SCÈNE DOUZIÈME

LEVERT, seul.

Anatole Frivoley ! Ai-je bien entendu ? Ce neveu...
ce cousin... ce rival !.. Le hasard m'aurait favorisé à ce
point ! Le voici !

SCÈNE TREIZIÈME

LEVERT, FRIVOLEY.

FRIVOLEY, un journal à la main.

Sinistré ! naufragé ! corps et biens !.. mes derniers
150 mille francs ! parbleu ! un navire qui s'appelait
l'Emeraude ! Je m'y attendais... c'est égal, je suis furieux ..
j'allongerais volontiers quelques taloches à mon courtier... (*A part.*) ou à ce petit monsieur... (*Il fixe les
gants verts de Levert. Haut.*) Des gants verts ! c'est une
gageure !

LEVERT

Plaît-il ?

FRIVOLEY, avec exaltation, cherchant à lui ôter un gant.

Non ! il ne me plaît pas !.. car si j'en crois les propos
du bonhomme Cingleton, je suis en droit de vous qualifier de plusieurs adjectifs fort malsonnants. (*Il a ôté
un gant qu'il va très-tranquillement jeter par la fenêtre.*)

LEVERT

Monsieur !..

FRIVOLEY

Je trouve que votre manière d'agir procède en droite ligne d'un...

LEVERT

D'un...

FRIVOLEY

D'un intrigant !..

LEVERT

Ce mot !..

FRIVOLEY, *cherchant à prendre l'autre gant.*

Je ne le répéterai point !.. Polisson traduira mieux ma pensée.

LEVERT

Une telle insulte !..

FRIVOLEY

J'ose espérer que vous m'en demanderez raison.

LEVERT, *ôtant son gant.*

Sur-le-champ, monsieur, et sachez à qui vous avez affaire. (*Il lui remet sa carte.*)

FRIVOLEY, *prenant la carte et le second gant qu'il va jeter par la fenêtre.*

Vous me forcez la carte... je la prends !.. (*Revenant et lisant la carte.*) Le docteur Levert. (*A part, tombant assis.*) C'est lui !.. oui. C'est écrit tout au long, en anglaise !.. Docteur Levert !.. (*Haut, d'une voix faible.*) Avez-vous été à Valenciennes ?

LEVERT

Oui, il y a cinq ans.

FRIVOLEY

Et de cette patrie de Wateau... et de la dentelle de première classe est-ce qu'il ne vous est resté aucun souvenir ? Vous m'entendez ?.. Comme qui dirait un rapt fait à la barbe d'un futur mari ?..

LEVERT

Un enlèvement volontaire...

FRIVOLEY

Une jeune fille !

LEVERT

Blonde...

FRIVOLEY

Comme un écureuil...

LEVERT

Fraîche !..

FRIVOLEY

Comme une limonade !..

LEVERT

Sentimentale !..

FRIVOLEY

Comme la lune... Babet ! Babet !

LEVERT

C'était son nom !

FRIVOLEY

C'était... est une faute de français, ou elle est morte ?
Parlez, parlerez-vous ; non, taisez-vous plutôt !.. scélé-
rat !.. misérable ! vous l'avez tuée !.. vous m'avez
fait subir le supplice du violon à Paris... et ici, vous
venez m'extorquer la main de ma cousine !..

LEVERT

Écoutez-moi..

FRIVOLEY, au comble de l'exaltation.

Non ! non ! non !

LEVERT

Rien qu'un mot !

FRIVOLEY

Pas une syllabe ! Ton existence me gêne !.. Il faut
que je t'occise par le fer ou par le plomb ! choisis ton
genre de mort. Non, ne choisis pas... je préférerais l'autre !.. va chercher tes témoins ! (*Il le pousse dehors.*)

LEVERT, à part.

Je vais chercher de quoi le calmer.

FRIVOLEY

Es-tu revenu? Non. Tu n'es pas parti, je crois.

(*Levert sort.*)

SCÈNE QUATORZIÈME

FRIVOLEY, puis CINGLETON.

FRIVOLEY

Je suis anéanti ! Il a dit : *c'était !* Or, ce temps du verbe auxiliaire *être* ne s'emploie que pour désigner une personne ou une chose qui n'est plus !.. Ainsi, n-i-ni ! Babet a vécu ce que vivent les blondes ! une femme magnifique !.. il aura empoisonné ses jours ! (*Se promenant à grands pas et d'une voix mélodramatique.*) Oh ! il y aura d'horribles représailles !.. je serai sans pitié ! il subira la peine du talion. Je lui rendrai coup pour coup, trait pour trait ; pour que rien ne manquât à mon programme, il faudrait qu'il fût marié... et que sa femme fût jolie !

CINGLETON, à lui-même, entrant.

Allons bon ! un autre incident qui me contrecarre. (*Apercevant Frivoley.*) Anatole, tu ne sais pas ?

FRIVOLEY

Non !

CINGLETON

Le notaire...

FRIVOLEY

Eh ! bien ?

CINGLETON

Eh ! bien, va te promener, il est malade, il a le ver solitaire...

FRIVOLEY, rire nerveux.

Il a le ver... solitaire, et ça vous étonne, vous ?

CINGLETON

Dame ! un officier ministériel !..

FRIVOLEY

Il s'agissait de quelque chose qui me touche. Le ver... solitaire devait s'en mêler !..

CINGLETON

Tu vas recommencer ?.. Et moi qui voulais te demander la permission de revêtir mon gilet vert...

FRIVOLEY

Votre gilet séditieux ?

CINGLETON

Il me manque. Je me fais l'effet d'un aveugle sans bâton.

FRIVOLEY, lui donnant une canne.

Alors prenez ma canne, mais votre gilet vert, jamais !

CINGLETON, à part.

C'est incroyable ! Ah ! si c'était du bleu !.. (*Haut.*) Enfin, je me reboutonne, et je cours aviser au moyen de faire dresser ton contrat, quand même.

FRIVOLEY

Mon contrat ? pas encore. Il s'agit d'abord d'un acte autrement tragique auquel je veux vous associer. Je me bats en duel et vous êtes mon témoin.

CINGLETON

Merci, une affaire de cour d'assises !

FRIVOLEY

Dont nous serons les héros!... les femmes seront en majorité. Tous les journaux donneront mon signalement. Je ne demande pas qu'ils me flattent, qu'ils disent seulement la vérité et on verra après.

CINGLETON

Tu es un fat !

FRIVOLEY

Je suis... je suis pressé de me teindre du sang de cet intrus que vous avez introduit dans mes lares !

CINGLETON

Anatole... je m'interpose... L'honneur exige que nous le défendions jusqu'à notre dernier vestige.

FRIVOLEY

Nous, mon oncle ?

CINGLETON

Moi, ton oncle ! et toi, mon neveu !

FRIVOLEY

Mais c'est un bandit !

CINGLETON, riant.

Tu le crois, je le crois aussi, et c'est pour ça que nous devons le couvrir de notre égide. Il est ton hôte.

FRIVOLEY, avec une pitié comique.

Pas le moins du monde, il est le vôtre.

CINGLETON

S'il est le mien, je le défendrai même contre toi. — J'ai vu jouer Hernani, moi!.. J'ai admiré le noble caractère de dom Gomez !.. moi !.. celui-là peut se vanter de savoir pratiquer l'hospitalité... Eh ! bien, moi, qui suis membre de plusieurs académies... de province, je ne resterai pas au-dessous de cet Espagnol d'un autre âge !.. Je le proclame à la face de l'univers entier, qui ne peut m'entendre : tant que le docteur sera dans ce gîte, il ne tombera pas un cheveu de sa tête, avant qu'on ne m'ait arraché tous les miens !

FRIVOLEY

Vous y tenez ?

CINGLETON

A mes cheveux ?

FRIVOLEY

Non, aux siens ?

CINGLETON

Oui, j'y tiens !.. Oui, tant qu'il sera mon hôte... ton hôte... notre hôte, je serai sa graisse d'ours, sa pommade du lion !

FRIVOLEY

Oui, mais une fois dehors ?

CINGLETON, souriant.

Je m'en moque comme de ceci. (*Il donne une chiquenaude dans le vide.*) Tu pourras l'épiler à ton aise !

SCÈNE QUINZIÈME

LES MÊMES, VÉRONIQUE, LEVERT.

LEVERT, souriant.

Monsieur m'attendait?

FRIVOLEY

Oui, monsieur. (*Bas à Cingleton.*) Je crois qu'il me gouaille !

CINGLETON, bas à Frivoley.

Mais non, il est très-convenable !

FRIVOLEY

Monsieur arrive sans témoins?

LEVERT

A quoi bon?

FRIVOLEY

Ah ! (*Bas à Cingleton.*) Je crois qu'il m'a regardé de travers?

CINGLETON, même jeu.

Mais non !

VÉRONIQUE

C'est moi qu'il a regardée !

FRIVOLEY, vivement.

De travers?

VÉRONIQUE

Je ne crois pas.

FRIVOLEY

Monsieur, où sont vos armes?

LEVERT

Nous n'en sommes pas encore là, et les explications
que j'apporte...

FRIVOLEY

Des explications? ta! ta! ta!

CINGLETON

Comme vous êtes bouillants tous deux! et que ces
explications peuvent être très-chaudes, j'entends que
ma fille obtienne l'autorisation d'aller voir au jardin si
j'y suis... Va, Véronique, et ne me rapporte pas la
réponse. (*Riant.*) C'est un jeu d'esprit bien fait pour
égayer un peu la situation éminemment dramatique.
Va, mon enfant.

LEVERT

Permettez. Je demande, au contraire, que mademoiselle veuille bien nous conserver sa présence, qui
ne saurait être déplacée nulle part.

FRIVOLEY, bas à Cingleton.

Je crois qu'il lui dit des fadaises.

CINGLETON, même jeu.

Mais non, c'est de la civilité puérile et honnête. (*Haut.*)
Eh! bien, voyons, monsieur, nous vous prêtons nos
ouïes.

LEVERT

Voici les faits : — Dans une ville de province vivait, il y a cinq ans environ, une jeune personne sans autres parents qu'un frère et une marraine établie en Amérique.

CINGLETON

Je connais un roman qui commence comme... cela. Oh ! mais absolument comme cela, seulement au lieu d'une jeune fille, c'est un vieux général, et au lieu d'une marraine, c'est un jeune premier du théâtre des Variétés.

FRIVOLEY

Mon oncle, de grâce !

CINGLETON

Je me tais, continuez, monsieur !

LEVERT

... Cette marraine qui avait voué une haine épouvantable au mariage, je ne sais pourquoi...

CINGLETON

Je le devine, moi. (*Frivoley lui fait signe de se taire.*) Je me tais... et cette marraine...

LEVERT

Avait résolu de laisser toute sa fortune à sa fille à deux conditions : la première, qu'elle ne se marierait pas, elle vivante ; la seconde, qu'elle viendrait se fixer en Amérique.

CINGLETON

C'était facile, surtout si... (*Même signe de Frivoley.*) Je me tais, je me tais.

3.

LEVERT

Le frère vint apprendre cette heureuse nouvelle à sa
sœur. Le croiriez-vous, elle refusa de partir...

CINGLETON

C'est incroyable ! (*Même signe de Frivoley.*) Je me
tais.

LEVERT

Sous prétexte qu'elle aimait quelqu'un qu'elle devait
épouser. Qu'auriez-vous fait à sa place ?

CINGLETON

Moi, je n'en sais rien, et toi, Anatole, qu'aurais-tu
fait ? Mais qu'est-ce que tu as ? Tu es tout chose...

FRIVOLEY

Non, non, continuez, monsieur !

LEVERT

Le frère insista, supplia, et enfin enleva sa sœur.

CINGLETON

Quel gaillard ! (*Frivoley lui fait signe de se taire.*) Je
me tais !

LEVERT

Cinq années d'absence n'ont pu effacer de son cœur
celui qu'elle aimait.

CINGLETON

Quelle femme extraordinaire ! Qu'en dis-tu, Anatole ?

FRIVOLEY

Je ne dis rien, je ne dis rien ; mais, de grâce, tâtez-moi
le pouls, je dois avoir la fièvre.

CINGLETON

Je ne le pense pas !..

FRIVOLEY

Je vous dis que si, sacrebleu ! J'ai des frissons ! j'étouffe de chaleur, et mon cœur fait des soubresauts inusités. Continuez, monsieur, ou j'expire à vos pieds !

CINGLETON

Qu'as-tu ? Qu'a-t-il, mon Dieu ?

FRIVOLEY

J'ai que certains chapitres de cette histoire ont une étroite analogie avec une de mes aventures.

CINGLETON

Bah !

LEVERT

Monsieur a raison, car cette jeune fille, revenue en France dans le but de retrouver celui qu'elle aime, se nomme Babet !

FRIVOLEY

Babet ! Babet ! Elle vit encore !..

LEVERT

Oui, en voici la preuve. (*Il lui donne une lettre.*)

FRIVOLEY

Mais alors votre *était* est une faute de français que je vous pardonne, sacrebleu ! (*Lisant.*) Oh ! oui, je reconnais les jambages de ma Babet ! ô Ciel ! elle me dédie son cœur, sa main, ses 5o mille livres de rente. C'en est trop! (*Il se laisse tomber dans un fauteuil.*)

CINGLETON, lui frappant dans la main.

Anatole! Anatole... des essences!..

FRIVOLEY

Non, pas d'essences!

CINGLETON

Il reprend les siens.

FRIVOLEY

Oh! mon oncle!

CINGLETON, souriant.

Eh bien! quoi! — C'est un calembour. — Alexandre Dumas en a bien fait un dans *l'Ami des Femmes.*

FRIVOLEY, se levant d'un bond.

Une telle averse de félicités! On ne meurt donc pas de joie!.. j'en ris jusqu'aux oreilles. (*Après avoir ri, d'un rire nerveux.*) J'ai cru que je m'étais rompu un vaisseau.

CINGLETON, tout à coup très-fort.

Ah!

FRIVOLEY

Quoi?

VÉRONIQUE, effrayée.

Mon père!

CINGLETON

A propos de vaisseau, le supplément de ton journal du

Havre qui était resté dans ma poche, tiens, lis... C'est une autre Émeraude qui a fait naufrage.

FRIVOLEY

Il se pourrait ?

CINGLETON

Il se peut. C'est un lougre dunkerquois. Ton Émeraude, à toi, est arrivée saine et sauve de corps et de biens !

FRIVOLEY, sautant de joie.

Encore une joie inattendue !

LEVERT

Je peux d'autant mieux vous en parler, que c'est l'Émeraude qui a apporté ma sœur.

FRIVOLEY, avec force.

Les émeraudes ne sont donc plus vertes ?

CINGLETON

Il paraît, mon gaillard, que ton absinthe s'est joliment vendue au Cap Vert, presque aussi bien que la malachite que l'Émeraude t'a rapportée.

FRIVOLEY

La malachite ! l'émeraude ! l'absinthe ! je crois rêver !

CINGLETON

Voilà tes derniers 150 mille francs qui valent un million !

FRIVOLEY

Toujours du même à la même... C'est une grêle de

bonheurs !.. un débordement... il m'en sort par tous les pores !

CINGLETON

Y compris celui du Havre (*Frivoley le regarde d'un air suppliant.*) Eh bien, quoi... Molière en a bien fait un... *des*... *agréable* dans *l'Étourdi*.

FRIVOLEY, qui ne l'a pas écouté.

Je plane dans le septième ciel... Je jubile... comme une grenouille verte dans un vivier... Qu'on arrête l'écluse... ça tournerait mal !

SCÈNE SEIZIÈME

LES MÊMES, LE DOMESTIQUE.

LE DOMESTIQUE

Monsieur, monsieur, il vient d'arriver...

CINGLETON ET FRIVOLEY

Qui ! qui ! qui ?

LE DOMESTIQUE

Le notaire !..

CINGLETON

Il n'a donc pas le ver... solitaire ?

LE DOMESTIQUE

Non, monsieur, je m'étais trompé... Ce n'est pas lui... c'est son cheval...

CINGLETON

Je me disais aussi, un notaire n'a pas, ne peut pas avoir le ver solitaire.

FRIVOLEY

Moi, je l'ai cru... Je crois les notaires capables de tout, mais je l'ai calomnié, comme l'émeraude, comme la malachite, comme l'absinthe, comme le reste ! Mes amis, ce dernier incident achève un revirement complet dans mon esprit. Il me réconcilie entièrement avec une couleur que je maudissais... Illusions, repos, bonheur, j'avais tout perdu par le vert, c'est par le vert que je retrouve tout ce que j'avais perdu... et avec usure... oui... j'abdique mon erreur... J'étais vérophobe... je deviens vérophile !

CINGLETON

Et mon gilet, puis-je y rentrer ?

FRIVOLEY ôte son habit et met le gilet de Cingleton.

Votre gilet, je le garde... je le porte... je veux qu'il soit le premier anneau qui me relie au vert !

CINGLETON

Et la robe de ma fille ?

FRIVOLEY

Merci, je l'accepte aussi ; je ne sais pas si je la porterai, mais je l'accepte... Toi, fais venir les peintres... que tout ici soit décoré en vert... que mon jardin soit hérissé de veratres et de roses... vertes... Tu me trouveras le fameux cheval vert rêvé par les peintres... Ah ! tu diras aussi à mon cuisinier que désormais je ne mange plus que des mets verts... je ne sais pas s'il y en a ; s'il n'y en a pas, je mangerai des épinards. Qu'on m'apporte du vert ! qu'on m'en couvre, qu'on m'en charge !.. j'en demande, j'en veux !... sous toutes les formes !.. sous tous les aspects. — Vive le vert ! voilà désormais ma devise !

CINGLETON, à part.

Quelle folie ! Ah ! si c'était le rouge !..

LE DOMESTIQUE

Et le notaire qui attend.

FRIVOLEY

A-t-il un pantalon vert ?

LE DOMESTIQUE

Oui, monsieur, fait avec le tapis de son billard !

FRIVOLEY

Alors qu'il entre ! (*Regardant Véronique et Levert.*) Il ne sera pas venu pour le monarque de Prusse !

CINGLETON

Rien n'échappe à un membre de plusieurs académies de province. Je te comprends ! (*Il fait le simulacre d'unir Véronique et Levert.*)

FRIVOLEY

Moi aussi, enfants, je vous unis !.. je vous bénis, et parole d'honneur, je m'engage à être le parrain de votre premier né que j'appellerai Vert-Vert ! — Maintenant, allons rejoindre Babet, mais tâchons de trouver une voiture verte !

Rideau.

LA PART DU LION

Comédie en un acte

Par M. Adrien Decourcelle.

PERSONNAGES

RAOUL DE GERVILLE.

JULIETTE, SA FEMME.

JEANNE D'HERVILLY, JEUNE VEUVE.

FANNY DESCHAMPS.

LA PART DU LION

Un salon d'été, à la campagne. — Grande porte au fond donnant sur une terrasse remplie de fleurs et d'arbustes. — Portes latérales à droite et à gauche.

SCÈNE PREMIÈRE

JULIETTE, puis RAOUL.

Au lever du rideau, Juliette est assise à gauche ; elle tient à la main une tapisserie à laquelle elle ne travaille pas ; elle est triste et pensive. — Raoul entre de droite, prend son chapeau sur un guéridon et remonte lentement vers le fond, en mettant ses gants.

JULIETTE

Vous sortez, Raoul ?

RAOUL, avec froideur.

Oui, madame.

JULIETTE

Et rentrerez-vous pour dîner ?

RAOUL.

Je dîne à la Fresnaie.

JULIETTE

Vous savez que, depuis huit jours, c'est la... huitième fois que je dînerai seule.

RAOUL

Est-ce une simple remarque ou un reproche ?

JULIETTE

C'est... un regret, mon ami.

RAOUL, avec un peu d'ironie.

Un regret?.. Permettez-moi d'en éprouver plus d'étonnement... que de vanité.

JULIETTE, se levant.

Ainsi, vous continuez à m'en vouloir d'une circonstance, d'un hasard fatal, indépendants de ma volonté?., Et voilà comment vous me payez de ma franchise?

RAOUL

Eh! je ne vous en veux pas, madame! Et j'ai pour votre franchise et votre vertu toute l'admiration désirable. Mais vous devriez comprendre qu'il est des choses que l'on n'est pas le maître d'oublier et dont on doit éviter l'entretien. (*Il fait un demi-salut et remonte.*)

JULIETTE

Vous partez déjà ?

RAOUL

Sans doute.

JULIETTE

Et si je vous priais bien instamment?

RAOUL

J'ai promis, madame ; et il m'est impossible de me dégager.

JULIETTE, se contenant.

Rentrerez-vous tard ?

RAOUL, du fond.

Je ne sais. Pourquoi cette question ?

JULIETTE

C'est que je viens de recevoir une dépêche qui m'annonce, pour quatre heures, l'arrivée de Fanny et de Jeanne...

RAOUL, descendant.

Ah ! madame d'Hervilly nous fait l'honneur ?..

JULIETTE

Oui, ainsi que madame Deschamps ; et les convenances exigeraient peut-être...

RAOUL

Que je fusse là pour les recevoir ? Assurément ! Et je vais envoyer un mot à la Fresnaie...

JULIETTE

Oh ! ce n'est pas possible, puisque vous avez promis ; mais vous pouvez rentrer assez tôt pour dire bonsoir à ces dames.

RAOUL

Sans doute... (*Tirant sa montre.*) Je puis même attendre leur arrivée et ne partir qu'après les avoir saluées.

JULIETTE

Je vous remercie... pour elles... et je vous ferai prévenir, dès qu'elles arriveront. (*Raoul se sentant congédié rentre chez lui, après un jeu de scène en situation.*)

SCÈNE DEUXIÈME

JULIETTE, puis JEANNE et FANNY.

JULIETTE, seule.

Ainsi, voilà la récompense de ma confiance et de ma loyauté : l'abandon et le dédain... Ah ! les hommes sont bien injustes, bien injustes !.. Et si le remède n'était pas pire que le mal... mais il est bien piteux, le remède... et si usé ! (*Bruit au dehors.*) Est-ce que ce serait déjà ?.. (*Elle remonte. — Jeanne et Fanny paraissent au fond.*)

JULIETTE, leur tendant les deux mains.

Mes bonnes amies !

JEANNE, allant pour l'embrasser.

Ah ! mon Dieu ! comme tu es pâle et changée !

FANNY

En effet. Est-ce que tu es malade ?

JULIETTE

Non.

JEANNE

Des chagrins, alors ?

JULIETTE

Moi?..

JEANNE

Des chagrins, te dis-je ! C'est écrit dans ton regard, en lettres longues de ça.

JULIETTE

Eh bien ! puisque tu l'as deviné, eh bien ! oui, des chagrins... des plus cruels, et dont je ne prévois pas la fin.

FANNY

Ton mari t'a trompée ?

JEANNE, vivement.

Allons donc ! Les perfidies de messieurs les maris ne suffisent pas, Dieu merci ! à nous estomper les yeux de cette façon-là. (*A Fanny.*) Ah ! si tu me disais qu'il y a sous roche un Arthur infidèle ou un Gaston récalcitrant, se serait autre chose !..

JULIETTE, se récriant.

Jeanne !

JEANNE

C'est vrai, au fait, j'oublie toujours que tu es une Lucrèce. Mais je croyais que six mois de château, en tête en tête, avaient dû suffire... à ta guérison...

JULIETTE

Tu es folle. Mais je vous dirai tout.

JEANNE

Quand ?

JULIETTE

Plus tard.

FANNY

Pourquoi pas tout de suite?

JULIETTE

Ah! tu as raison. Ce secret m'étouffe, il me tue... Je vous le dirai demain... Je vais vous le dire.

JEANNE

Nous t'écoutons.

JULIETTE

Vous savez qu'avant mon mariage avec monsieur de Gerville, j'étais aimé de monsieur Paul Didier, et que je l'aimais.

JEANNE

Tu l'aimais... c'est-à-dire que tu te figurais...

JULIETTE, appuyant.

Je l'aimais...

JEANNE

Le fait est qu'il est gentil, ce garçon; et je t'avouerai entre nous... Mais ce n'est pas de cela qu'il s'agit pour l'instant. — Continue.

JULIETTE

Paul était absent, bien loin, dans les Indes, où des intérêts l'avaient appelé. J'étais depuis longtemps sans nouvelles de lui. (*A Jeanne.*) Un jour, tu es venue m'apprendre, avec tous les ménagements que te dictait ta tendresse pour moi, qu'il ne fallait attribuer son silence qu'à l'oubli, au parjure ; qu'il en aimait une autre, qu'il allait l'épouser.

JEANNE

En effet, une de mes amies, qui l'avait rencontré aux colonies, m'avait affirmé...

JULIETTE

Oh ! je ne t'accuse pas ; monsieur de Gerville recherchait ma main, en ce moment. Moi, je ne pouvais avoir pour lui ce qu'on appelle de l'amour... On ne peut pas aimer deux hommes à la fois...

JEANNE, d'un air de doute.

Heun ?...

JULIETTE

Tu dis ?

JEANNE

Rien.

JULIETTE, continuant.

Mais il avait su m'inspirer de la sympathie, de l'estime... C'était plus que n'en demandait mon dépit.

JEANNE

Et c'était bien assez pour un mari.

JULIETTE

Bref, je l'épousai. Et, à défaut d'amour, je lui apportai une amitié sincère et la ferme volonté d'être pour lui une douce compagne et une honnête femme.

JEANNE

Mais !..

4

JULIETTE

Il n'y a pas de mais...

JEANNE

Tu m'étonnes.

JULIETTE

Pas encore, du moins...

JEANNE

Tu me rassures.

FANNY

Continue.

JULIETTE

Tout alla mieux que je n'aurais osé le rêver. Le souvenir de Paul s'effaçait chaque jour de mon cœur et Raoul commençait à l'occuper, peu à peu... quand un jour, jour à la fois funeste et béni !..

JEANNE

Nous y voilà !

JULIETTE

J'apprends que non-seulement Paul n'est pas le mari d'une autre, mais qu'il n'a jamais cessé de m'aimer et de compter sur mes serments !.. Comment continuer de le haïr, cet amant si tendre et si fidèle, dont la constance faisait de moi la seule coupable ?

JEANNE, consultant Fanny du regard.

Le fait est que...

JULIETTE, *l'interrompant.*

Mais comment pouvoir l'aimer, moi, la femme d'un autre ?

JEANNE

Il est certain que les convenances... le devoir, veux-je dire, s'opposait formellement à cette transaction.

JULIETTE

Cet amour, il me fallait lutter contre lui de toutes mes forces ; et s'il ne dépendait pas de ma volonté de l'éteindre, il était du moins en mon pouvoir de n'y pas céder.

JEANNE, *d'un air de doute.*

En ton pouvoir ?..

JULIETTE

Enfin, je me suis battue en désespérée et j'ai gagné cette seconde moitié de la bataille.

FANNY

C'est déjà bien joli !

JEANNE

C'est superbe !

JULIETTE

Mais désespérant de gagner l'autre, à moi toute seule, un jour, j'ai eu peur ; j'ai senti que j'étais perdue si l'on ne me venait en aide et j'ai tout dit à mon mari.

LES DEUX FEMMES, *comme un seul homme.*

Maladroite !

JULIETTE

Oh! bien maladroite, en effet; car, au lieu de me savoir gré de ma franchise, de mes bonnes intentions et de mes efforts...

JEANNE, achevant.

Ton mari t'a rendue responsable de la seule chose qui ne dépendait pas de ta volonté.

FANNY

Naturellement.

JEANNE

Oh! les hommes! quand je pense que ce monsieur, si austère et si puritain pour les autres...

JULIETTE

Eh bien?..

JEANNE

Eh bien! ma chère, il m'a fait la cour!

JULIETTE

A toi?

FANNY, vivement.

Et à moi aussi!

JULIETTE

Comment! à toutes les deux? Et depuis mon mariage?

JEANNE, FANNY

Parfaitement.

JEANNE

Mais, dis-moi, quand lui as-tu fait cet aveu, si intempestif?

JULIETTE

Il y a six mois environ.

JEANNE

Et depuis ce temps?..

JULIETTE

La froideur et la contrainte sont entrées au logis ; et, au lieu de m'aider à lui revenir, mon mari me traite comme une étrangère. Oh! pas de reproches !

JEANNE

Il ne manquerait plus que ça! — Mais une politesse froide et ironique... Je vois cela d'ici !

FANNY

Et pendant ce temps-là, pas un mot, pas un regard?.. Enfin, rien qui ait pu te faire supposer que son orgueil fléchissait un peu ?.. rien ?

JEANNE

Ah! tu souris! Il y a quelque chose.

FANNY

Voyons, parle.

JULIETTE

C'est que ce n'est pas facile à dire.

JEANNE

Bath! entre femmes...

FANNY

Et à la campagne !

JULIETTE

Eh bien ! il y a trois semaines, à la suite d'un bal, pour lequel je m'étais faite aussi belle que je puis l'être et où j'avais eu quelque succès... — Le soir, en revenant ici avec Raoul, par une nuit sombre et orageuse... (*Elle s'arrête.*)

JEANNE, jouant de l'éventail.

Enfin ?..

JULIETTE, souriant.

Enfin... je croyais tout oublié... Mais, depuis huit jours, après avoir passé par la tempête, le baromètre est à la pluie.

JEANNE

Pluie d'orage ?..

JULIETTE

Non ; une de ces pluies fines, mais persistantes, qui vous glacent, qui vous énervent et qui finissent... (*Laissant aller sa tête sur l'épaule de Jeanne.*) Ah ! j'ai bien pleuré, va !

FANNY

Pauvre amie !

JEANNE

Écoute, Juliette, c'est moi qui suis la cause...

JULIETTE, vivement.

Oh ! la cause bien involontaire ! on t'a dit... tu as cru...

JEANNE

Oui, mais je n'aurais pas dû croire si légèrement.

JULIETTE

N'ai-je pas commis la même faute que toi ?

JEANNE

Oui, mais toi, tu aimais, tu étais jalouse, et c'est là ton excuse. Tandis que moi, à qui ce jeune homme était, alors, si indifférent, j'aurais dû...

JULIETTE, étonnée.

Alors ?

FANNY

Que veut dire cet « alors » ? Est-ce que par hasard ?..

JEANNE

Là n'est pas la question. Je dis qu'en somme c'est moi qui ai causé le mal et que c'est à moi de le réparer.

JULIETTE

Mais comment ? puisque mon mari s'obstine...

JEANNE

Quand il ne s'agira plus que de lui !.. mais toi ? Crois-tu que si ton mari te revenait franchement, sincèrement, son amour pourrait opérer une diversion utile à ton repos et que tu pourrais finir par oublier... l'autre ?

JULIETTE, avec un sourire un peu confus.

Je... je l'avais déjà oublié, une fois... et... il se pourrait... peut-être...

JEANNE

Tiens! embrasse-moi! Tu es plus femme que je ne
l'espérais. Et maintenant, tout est sauvé!

JULIETTE

Comment?

FANNY

Tu as une idée?

JEANNE

J'en ai deux!

FANNY

Enfin! Que veux-tu faire?

JEANNE

Ah! je n'en sais rien encore. Ma poudre de riz s'est
perdue au vent de la route, et quand je ne suis pas
poudrée à blanc, je ne suis bonne à rien. De la poudre,
d'abord! nous combattrons après! viens.

(Raoul paraît à droite.)

JULIETTE

Mon mari!

RAOUL

Ah! mesdames...

(Il salue.)

JEANNE, se cachant derrière son éventail.

Tout à l'heure, cher monsieur, tout à l'heure!.. Nous
sommes laides à faire peur, et nous allons nous mettre
sous les armes. *(Elle sort par la gauche, précédée par
Juliette et suivie par Fanny.)*

SCÈNE TROISIÈME

RAOUL, puis JULIETTE.

RAOUL, seul.

(*Les suivant des yeux.*) Quelle... quelle écervelée que
cette madame d'Hervilly! mais elle est bien jolie,
piquante, provocante surtout. Elle a des façons de vous
regarder qui sont à la fois une invitation et un défi...
j'ai déjà tenté de savoir à quoi m'en tenir là-dessus,
pour mon compte. Car, enfin, si c'est une invite,
je ne suis pas assez mal appris pour n'y pas répondre ;
et, si c'est un défi... je ne suis pas un poltron... mais je
n'ai pas pu m'édifier à cet égard, et il faudra que j'en
aie le cœur net. — C'est comme cette petite madame
Deschamps... avec ses grands yeux langoureux... Ce n'est
pas que j'aie grand goût pour elle ; mais enfin, si elle a
du penchant pour moi, comme j'ai tout lieu de le supposer, je ne puis cependant pas faire le cruel... Il faudra
que je sache aussi... (*La porte de gauche s'entr'ouvre ;
Raoul s'avance avec empressement, le sourire aux lèvres.
Juliette paraît.*)

RAOUL, avec humeur.

Ma femme !

JULIETTE

Tiens ! vous êtes encore ici, monsieur ?..

RAOUL

Oui... j'ai réfléchi... et j'ai trouvé plus convenable...

JULIETTE

Oh ! vous n'avez pas besoin d'excuses... mais, puisque vous restez, j'ai une prière à vous adresser, ou plutôt deux prières...

RAOUL

Deux prières ?.. Et à quel sujet ?

JULIETTE

Au sujet de Jeanne et de Fanny.

RAOUL

Expliquez-vous, car je ne devine pas.

JULIETTE

J'ai à vous demander, d'abord, d'être indulgent pour madame Deschamps, et, ensuite, de ne pas être trop galant pour madame d'Hervilly.

RAOUL

Et pourquoi cette recommandation ?

JULIETTE

Parce que... vous me promettez de ne pas vous fâcher ?

RAOUL

Je vous le promets. — Parce que ?..

JULIETTE

Parce que Fanny...

RAOUL

Eh bien ?

JULIETTE

Eh bien, Fanny ne peut pas vous souffrir.

RAOUL, étonné et un peu piqué.

Ah! Et par quel hasard... pour quelle raison, veux-je dire?

JULIETTE

Oh! pour rien. Vous lui déplaisez, voilà tout. Or, avec la franchise que vous lui connaissez, elle serait capable de vous décocher quelque flèche par trop aiguë, et je vous supplie pour elle et pour moi...

RAOUL

Il suffit, madame, je ferai de ces flèches le cas qu'elles méritent. Quant à madame d'Hervilly, il va sans dire qu'elle partage à mon égard les sentiments de son amie; et vous voulez sans doute m'épargner l'humiliation...

JULIETTE

Oh! pour ce qui est de Jeanne, c'est tout le contraire. Vous savez combien elle est étourdie, inconsidérée.

RAOUL

Enfin?..

JULIETTE

Enfin, monsieur, elle vous trouve charmant.

RAOUL, avec complaisance.

Ah! elle vous l'a dit?

JULIETTE

Oh! elle le dit à qui veut l'entendre; elle vous le dirait à vous-même, si vous l'y poussiez. Je vous prie donc de songer, pour elle... non à son honneur, qui n'a pas de meilleur gardien qu'elle-même... mais à sa réputation, dont elle n'a pas assez de souci.

RAOUL

Fort bien, madame. Il sera fait au gré de vos désirs et je tâcherai de soutenir, du même visage, l'épigramme et le madrigal.

SCÈNE QUATRIÈME

LES MÊMES, JEANNE, FANNY, entrant de gauche.

RAOUL, allant vivement à la rencontre de Jeanne.

Permettez-moi, chère madame, de vous présenter...

JEANNE, riant.

Vos civilités?.. comme monsieur Prud'homme.

RAOUL, étonné.

Vous dites?

JEANNE, le lorgnant.

Dieu! que vous êtes engraissé, cher monsieur; c'est à peine si je vous aurais reconnu. (*Elle remonte en riant auprès de Juliette, qui est dans le fond.*)

RAOUL, ébahi, à part.

Que signifie?.. (*Haut à Fanny.*) Vous, madame, vous ajouterez, sans doute, que je n'ai qu'à gagner à ne pas être reconnu?

FANNY, le regardant avec des yeux langoureux.

Moi, monsieur? Je trouve que quand on a votre distinction et votre esprit, le reste est si peu de chose!..

RAOUL

Plaît-il?.. Ah! je comprends!.. vous raillez?

FANNY, baissant la voix et le regardant plus tendrement encore.

Ah! monsieur Raoul, c'est bien mal ce que vous dites là! (*Elle remonte comme pour lui cacher son trouble. Les trois femmes vont et viennent sur la terrasse du fond, en causant à voix basse.*)

RAOUL, à lui-même.

Qu'est-ce à dire? Comment, c'est elle qui me fait les yeux doux... et c'est l'autre au contraire... ah! ça, ma femme s'est donc trompée?.. ou plutôt.. oui, je devine! Elle a voulu me dépister, pour me faire faire fausse route. — Ah! c'est madame d'Hervilly qui me déteste, qui me trouve ridicule, qui me trouve... gros?.. D'abord, je ne suis pas... gros!.. je suis... je suis à point! je ne suis pas ridicule... j'ai de l'esprit, de la distinction... Madame Deschamps s'y connaît, que diable! et je saurai bien prouver à madame d'Hervilly... la voici, attention.

(*Juliette et Fanny se sont éloignées sans bruit, en échangeant avec Jeanne des regards d'intelligence.*)

SCÈNE CINQUIÈME

RAOUL, JEANNE.

RAOUL

Vous, madame?.. Je me retire!

JEANNE

Vous vous croyez donc bien compromettant?

RAOUL

Si j'avais eu de moi cette opinion, vous m'auriez prouvé ma présomption, en deux mots, il n'y a qu'un instant.

JEANNE

Moi ?.. ah ! parce que je vous ai dit que vous êtes gros.

RAOUL

Dame !..

JEANNE

Faudrait-il donc vous faire des compliments, des madrigaux, des bouquets... à Raoul?.. (*Elle rit.*) D'ailleurs, que vous importe que je vous trouve bien ou mal?..

RAOUL

Ce qu'il m'importe? Je croyais vous avoir donné suffisamment à entendre, il y a quelques six mois...

JEANNE

Que vous marivaudez fort agréablement? Oh ! je suis prête à l'attester. Mais vous n'êtes pas amoureux de moi, j'imagine ?

RAOUL

Qu'en savez-vous ?

JEANNE

Rien; mais je le suppose.

RAOUL

Et.., si vous vous trompiez? si ce que vous avez pris pour une galanterie banale était l'expression sérieuse et sincère...

JEANNE

Voyons, vous voulez rire?

RAOUL

N'êtes-vous pas la femme la plus charmante?..

JEANNE

Et qu'est-ce que cela prouverait? s'il vous fallait aimer toutes les femmes qui sont jolies!..

RAOUL

Ah! si vous n'étiez que jolie... mais vous savez bien que vous êtes aussi la plus séduisante, la plus désirable...

JEANNE

Ah! prenez garde : de la plus désirable à la plus... désirée, il n'y a qu'un pas, et...

RAOUL, se rapprochant.

Et, ce pas, si je le franchissais?

JEANNE

Vous?

RAOUL

Eh! bien, madame... il est franchi!

JEANNE

Une déclaration? (*Feignant d'être un peu troublée.*) Monsieur Raoul...

RAOUL

Elle vous déplaît?

JEANNE

Elle me... surprend; j'étais si loin de m'attendre...

RAOUL, avec un soupir.

Et vous êtes surtout si éloignée de répondre à mes sentiments...

JEANNE

Je pourrais vous dire à mon tour : Qu'en savez-vous ?

RAOUL

Dame... votre air dédaigneux, vos railleries de tantôt ont dû me faire supposer...

JEANNE

Les hommes sont étonnants !.. Il faudrait s'afficher, se compromettre; il faudrait se jeter dans leurs bras, sans savoir seulement s'ils daigneront nous y retenir.

RAOUL, lui prenant la main.

Quoi ! je serais assez heureux ?..

JEANNE, faiblement.

Je n'ai pas dit cela... J'ai parlé en thèse générale.

RAOUL

Et si je vous priais, si je vous suppliais de... spécifier un peu...

JEANNE

Mais c'est une attaque véritable ! vous me dévalisez !

RAOUL, suppliant.

Jeanne !

JEANNE

Il est des choses que l'on ne peut avouer ainsi, de but en blanc; d'ailleurs, on peut entrer ici à tout instant, et...

RAOUL

En effet. Mais, ce soir, au pavillon du parc, à neuf heures, nous serions seuls ?

JEANNE

Un rendez-vous ?

RAOUL, vivement.

Une douce causerie, un charmant duo, où c'est vous qui donnerez le ton...

JEANNE, souriant.

Et la mesure.

RAOUL

Ainsi, vous viendrez ?..

JEANNE

N... non, monsieur, non... Je ne le dois pas.

RAOUL

Jeanne ! par grâce, par pitié... Oh ! vous viendrez, n'est-ce pas ?

JEANNE, se dégageant.

J'espère bien que non ! Enfin, ne m'attendez pas ! (*Elle sort vivement par le fond.*)

RAOUL, triomphant.

Elle y viendra ! La voilà donc, cette belle dédaigneuse ! vaincue, au premier choc ! (*Avec des airs impossibles.*) Il est vrai que je suis si gros... Ça a du moins son bon côté.

SCÈNE SIXIÈME

RAOUL, FANNY.

(Fanny paraît au fond.)

RAOUL, l'apercevant.

Madame Deschamps?.. *(Il va à sa rencontre.)*

FANNY

Oh ! pardon, monsieur ; je cherchais Jeanne et j'avais cru...

RAOUL

Madame d'Hervilly sort d'ici, en effet.

FANNY

Ah! elle sort d'ici?.. où elle était seule... avec vous?

RAOUL

Oui, madame.

FANNY, avec dépit.

Ah !

RAOUL

On dirait que cela vous contrarie.

FANNY

Moi, monsieur? Et que voulez-vous que cela me fasse? Je sais, d'ailleurs, mon peu de mérite. Je reconnais que madame d'Hervilly l'emporte sur moi, de toutes façons... à vos yeux surtout... Et je vous prie de croire que cela m'est bien indifférent!.. oh! bien indifférent!..

RAOUL

Je ne suis pas assez fat pour en douter. Mais pourquoi martyriser ainsi ce pauvre éventail... pour une chose qui vous importe si peu ?..

FANNY

Pourquoi ?.. Pour... ah ! tenez, ne m'interrogez pas ! car vous connaissez ma franchise et je serais capable de vous le dire.

RAOUL

Oh ! la franchise des femmes...

FANNY

Douteriez-vous de la mienne ?

RAOUL, riant.

Je ne doute pas !

FANNY

C'est-à-dire que je suis une fourbe, une dissimulée ?

RAOUL

Je ne dis pas cela.

FANNY

Mais vous le pensez ! (*Raoul se tait et se contente de sourire.*) Vous le pensez !.. Ah ! c'est ainsi ?.. Eh bien ! monsieur, vous saurez tout ! vous saurez... (*Elle s'arrête.*)

RAOUL

Eh bien !

FANNY

Au fait, à quoi bon chercher à vous cacher ce que

vous savez depuis longtemps ? Eh bien ! oui, monsieur, je suis jalouse.

RAOUL

Jalouse... de madame d'Hervilly ?

FANNY

Oui, monsieur.

RAOUL

Et à cause de moi?

FANNY

Vous le savez bien.

RAOUL

J'avoue que j'avais déjà cru entrevoir...

FANNY

Ah ! ce n'était pas difficile ; je suis si faible contre moi-même.

RAOUL

Mais du moment que vous daignez faire, d'un si doux espoir, une aussi charmante certitude, comment pouvez-vous craindre une rivale ?

FANNY

Jeanne est si séduisante !..

RAOUL

Elle ne l'est pas autant que vous! (*A part, avec conviction.*) Car elle est délicieuse... (*Haut.*) Et comment résister à tant de grâce, à tant d'abandon !

FANNY

Ainsi, vous m'aimez donc un peu ?

RAOUL, lui baisant la main.

Si je vous aime ? (*Voulant lui prendre la taille.*) Si je...

FANNY, désignant du geste la porte du fond.

Prenez garde !

RAOUL, bas.

Eh bien !.. demain ?.. au pavillon du parc ?..

FANNY

Mais vous me jurez ?..

RAOUL

Oh ! une simple causerie, où je pourrai du moins vous exprimer librement...

FANNY, vite.

Eh bien ! oui, ce soir, au pavillon du parc... à neuf heures.

RAOUL, se souvenant.

Ce soir ? mais...

FANNY

On vient.. à ce soir... (*Près de la porte.*) à neuf heures ! (*Elle sort par la gauche.*)

SCENE SEPTIÈME

RAOUL, puis JEANNE.

RAOUL

Diable! ça va trop bien!... ce soir, à neuf heures... Si je pouvais, au moins, échelonner... (*Jeanne paraît sur la terrasse.*)

JULIETTE, du jardin.

Jeanne, est-ce que tu rentres déjà ?

JEANNE, de la terrasse, penchée sur la balustrade.

Je prends mon ombrelle que j'ai oubliée au salon, et je te rejoins.

RAOUL, cherchant.

Votre ombrelle ?

JEANNE

C'est un prétexte. J'ai à vous parler... J'ai réfléchi, mon ami.

RAOUL, vite.

Ah ! Et vous avez trouvé sans doute que « neuf heures », c'est peut-être un peu tôt...

JEANNE

Non, ce n'est pas cela. J'ai une horreur insurmontable de la contrainte et du mensonge, et je suis résolue... — Vous m'aimez, n'est-ce pas ?... Oh ! dites-moi encore que vous m'aimez !

RAOUL

Sans doute.

JEANNE

Eh bien! moi aussi je vous aime, et je veux pouvoir proclamer un amour dont je suis heureuse et fière.

RAOUL, un peu inquiet.

Je vous en suis très-reconnaissant, mais...

JEANNE

Je suis veuve et, par conséquent, je suis libre; vous n'avez plus de ménagements à garder pour une infidèle, une perfide...

RAOUL

Ah! permettez!..

JEANNE

Je sais tout.

RAOUL

Alors, vous devez savoir que les choses n'ont pas dépassé certaines limites, et que, loin d'être une épouse coupable, Juliette, au contraire...

JEANNE

Ah! si vous aimez encore votre femme, après ce qui s'est passé...

RAOUL

Mais il ne s'est rien passé.

JEANNE

Enfin, l'aimez-vous, oui ou non? parlez.

RAOUL

... Non, sans doute. Mais...

JEANNE

Alors, nous partons ce soir.

RAOUL

Nous partons?..

JEANNE

Ce soir... pour Venise.

RAOUL

Pour V...?

JEANNE

Est-ce dit ?

RAOUL

Est-il donc indispensable d'aller si loin ?

JEANNE

Est-ce dit ?

RAOUL

C'est... c'est dit... quoiqu'un simple voyage à Fontainebleau eût pu réaliser...

JEANNE, avec dédain.

A Fontainebleau ?

RAOUL

Je ne prétends pas préciser...

JEANNE

Alors, à ce soir et à toujours !..

SCÈNE HUITIÈME

RAOUL, seul.

(*Un temps de silence.*) Hein! partir comme cela, au pied levé?.. au fait, pourquoi pas? Je prétexterai une affaire, des raisons de santé; et si ma femme se doute de la vérité, eh bien!.. eh bien! tant mieux! je serai vengé de sa trahis... de sa perf... Enfin, je serai vengé! Va donc pour Venise la belle!.. Ah! mon Dieu! et Fanny, que j'oubliais... Je ne puis pas l'emmener... avec nous! Je ne puis pas non plus abuser de sa confiance et partir, ensuite, avec une autre... Enfin, je ne puis pas davantage répondre par un affront... (*En ce moment, la porte de gauche s'entr'ouvre et l'on voit passer dans l'entrebâillement une main qui agite une lettre.*) Qu'est-ce à dire? (*La lettre vient tomber à ses pieds et la porte se referme.*) — (*Ouvrant la lettre.*) — Ah! c'est de Fanny!.. (*Lisant.*) « Monsieur, j'ai réfléchi... » (*Parlé.*) Elle aussi!.. (*Lisant.*) « Et je n'irai pas à ce rendez-vous. » — Ouf!.. — « J'ai un mari que je n'aime plus, mais qui m'aime « encore... » — Ce bon Deschamps! — « Et je ne veux « pas plus partager mon amour... que je ne puis souffrir « le partage du vôtre...» — Parfait! — « Mais, rassurez- « vous; j'ai trouvé le moyen de concilier toute chose : « nous partirons demain pour la Suisse! et dès demain, « nous serons à jamais rivés l'un à l'autre. » — Pour la Suisse! Si c'était au moins pour l'Italie!.. Eh bien! ça se corse!.. (*Il réfléchit.*) Oh! la question n'est pas de

savoir si je partirai ou non; ma résolution est prise à
cet égard. Ce dont il s'agit, maintenant, c'est de voter !..
diable de politique !.. c'est d'opter, veux-je dire. Il est
certain que madame Deschamps est charmante... Mais
une conquête si facile... un cœur où j'ai pu entrer sans
frapper... tandis que l'autre...

SCÈNE NEUVIÈME

RAOUL, JEANNE, puis FANNY, puis JULIETTE.

(Jeanne entre de gauche, un capulet sur les épaules.)

RAOUL, l'apercevant.

Comment, vous venez déjà?..

JEANNE, froidement.

Je viens vous dire adieu.

RAOUL

Adieu?.. vous partez?

JEANNE

Oui, monsieur.

RAOUL

Seule?

JEANNE

Non pas.

RAOUL

Et avec qui donc?

FANNY, qui vient d'entrer également en costume de voyage.

Avec moi, monsieur.

RAOUL

Vous aussi?.. Mais qui a pu motiver?..

FANNY

Je sais tout, monsieur !

JEANNE

Je sais tout!!

RAOUL

Tout ? Mais je ne comprends pas.

JEANNE

Fanny m'a tout dit et je lui ai tout révélé.

RAOUL, à part.

Je suis pris.

JEANNE.

Eh bien! vous ne dites rien? vous n'essayez pas de sortir, par quelque ingénieux mensonge, du piége où vous vouliez nous prendre... et où vous n'avez pris que vous-même? (*Elle tousse légèrement de la façon la plus naturelle. — Juliette paraît au fond.*)

RAOUL

J'avoue qu'il me serait difficile...

JEANNE

Ainsi, monsieur, vous reconnaissez que vous ne m'aimiez pas?..

RAOUL, protestant.

Madame...

JEANNE, vite.

Vous m'aimiez?..

RAOUL

Je ne dis pas cela précisément...

JEANNE

Enfin, vous ne m'aimiez pas; ce qui ne vous a pas empêché de feindre pour moi des sentiments... Pourquoi cette comédie?.. Voyons, répondez!..

RAOUL

Mon Dieu, madame, je ne prétends certainement pas m'excuser par là; mais j'étais convaincu que vous aviez pour moi de l'antipathie, du dédain...

JEANNE

Eh bien?..

RAOUL

Nous autres hommes, nous avons aussi notre coquetterie... Et vous comprenez que je ne pouvais accepter une défaite, sans avoir au moins combattu.

JEANNE

C'est-à-dire que l'amour n'a été pour rien dans cette affaire, et que l'amour-propre en a fait tous les frais?..

RAOUL, protestant.

Tous les frais...

FANNY

Pardon, monsieur, mais moi?.. Moi, qui n'ai jamais
marché sur les pattes... de cette chère petite bête...
(*Raoul regarde machinalement autour de lui.*) J'entends par là votre amour-propre... Pourquoi m'avez-
vous abusée aussi?.. (*Juliette se rapproche de quelques
pas en silence.*)

RAOUL

Vous, madame, — pardonnez-moi ma présomption ;
— mais j'ai dû croire que je ne vous étais pas indifférent
et vous comprendrez alors...

FANNY

Quoi?

RAOUL

Vous comprendrez que, dans cette hypothèse , un
homme ne peut... laisser son manteau dans les mains
d'une femme, sans se couvrir de ridicule.

FANNY

Votre manteau?.. Ah ! rassurez-vous, monsieur, je n'ai
jamais eu l'intention de vous en priver !

RAOUL

Ah ! n'abusez pas de ma franchise pour m'accabler.
(*Juliette se rapproche encore.*)

JEANNE

Ainsi, vous l'avouez; l'orgueil d'un côté et le respect
humain, de l'autre, vous faisaient commettre, en un
jour, deux infidélités, toutes gratuites, et qui n'auraient
eu pour excuse ni l'amour, ni même le caprice?.. Et
vous l'avouez, n'est-ce pas?..

RAOUL, d'un air piteux.

Et je l'avoue. (*Il s'incline très-bas.*)

JULIETTE, qui est descendue sans bruit.

Mais vous n'avez pu me pardonner, à moi, un sentiment tout involontaire?..

RAOUL, à part.

Ma femme !.. c'est complet !

JULIETTE, continuant.

Un sentiment sérieux et motivé, auquel non-seulement, moi, je n'ai pas cédé pourtant, mais que j'ai combattu de toutes mes forces... (*Sur un signe de Jeanne.*) et dont j'ai fini par triompher. En vérité, messieurs les hommes, c'est trop vous faire « *la part du lion* ».

RAOUL

Oh! je n'ai jamais douté de votre vertu! mais seulement de votre cœur... (*Se rapprochant d'elle.*) Et vous dites que ce maudit amour est mort et bien mort?

JEANNE, serrant la main de Juliette à la dérobée et la regardant
d'une façon expressive.

Il n'est pas mort, monsieur, et il n'a pas pu mourir... car il n'a jamais existé.

RAOUL

Comment?

JEANNE

C'était une épreuve pour mesurer la profondeur de votre orgueil et de votre égoïsme... C'était une gageure

que j'avais faite à Paris, avec Juliette, et que je viens
de gagner.

RAOUL

Une gageure?.. mais je ne comprends pas.

JEANNE

La belle raison!.. La preuve que monsieur Paul Didier
n'aime pas Juliette, c'est que je serai sa femme dans un
mois, et la preuve que Juliette ne l'a jamais aimé, c'est
qu'elle ouvrira le bal avec vous, vilain jaloux.

JULIETTE, bas à Jeanne.

Il est vrai que je ne l'aime plus, mais pourquoi as-tu
ajouté?..

JEANNE, de même.

Parce qu'il est des choses qu'il ne faut jamais dire à
ces monstres-là, innocente. Ils sont encore plus féroces
pour un soupir que pour une infidélité... *(Raoul fait un
pas vers elle. Juliette fait signe à Fanny de l'occuper.
Celle-ci s'empare de son bras et l'entraîne peu à peu
vers le fond, en causant.)*

JULIETTE, bas à Jeanne.

Mais toi, tu aimes donc Paul?

JEANNE

Pas du tout.

JULIETTE

Alors c'est lui qui...

JEANNE

Pas davantage. Mais il m'aimera, parce que je veux

qu'il m'aime; et, alors, je l'aimerai... parce qu'il m'aimera. (*S'apercevant que Raoul les observe d'un air inquiet.*) Vous voudriez bien savoir ce que je viens de dire à votre femme, n'est-ce pas?.. Eh bien!.. Je la priais de vous pardonner... comme je vous pardonne, mauvais sujet.

(*Elle lui tend la main.*)

RAOUL

Vous êtes un démon... avec des ailes.

FANNY lui tendant aussi la main.

Et moi?

RAOUL

Vous?.. Vous êtes un ange... qui a des griffes.

JULIETTE, même jeu.

Et moi, mon ami.

RAOUL

Oh! toi, tu es un ange, sans restriction.

Rideau.

LE VALET DE COEUR

Comédie en un acte

Par MM. E. DE NAJAC et H. BOCAGE.

PERSONNAGES

Vicomte ADALBERT DE CARADAN.

Marquis DE NERVOSE.

LABAUDIÈRE.

BLANCHE.

YSEULT.

MÉLANIE.

La scène à Neuilly, chez Labaudière.

LE VALET DE COEUR

---

*Salon de campagne. Large baie au fond. A droite, une
porte. A gauche, deux portes, premier et deuxième
plans. Un canapé. Fauteuils. Chaises.*

SCÈNE PREMIÈRE

MÉLANIE, puis LABAUDIÈRE, puis BLANCHE

MÉLANIE

*(Elle cire avec un bâton, tient une brosse à la main et
s'appuie sur un balai. Tout à coup on entend un son de
cloche. Elle dépose ses instruments dans un coin, regarde
par la porte du fond, s'écrie :* Monsieur ! *et vient frapper
à la porte de droite.)* Madame ! Madame ! C'est monsieur !
(Elle écoute.) Comment, quel monsieur ? Mais, monsieur,
le mari de madame ! Le jardinier vient de lui ouvrir la
grille. *(Elle écoute.)* Bien, madame. *(Elle court vers la
porte du fond : entre Labaudière chargé de paquets, va-
lise, parapluie.)* Ah ! voilà monsieur ! Comme madame
va être contente... Deux mois sans voir monsieur !

LABAUDIÈRE

Bonjour, Mélanie, bonjour, mon enfant. Madame va
bien ?

MÉLANIE

Elle s'habille, monsieur.

LABAUDIÈRE

Tu ne lui as donc pas dit que c'était moi? — (*Appelant.*) Blanche!

BLANCHE, sortant de droite.

Me voici. (*Elle se jette dans ses bras, il laisse tomber ses paquets.*) Mon ami!

LABAUDIÈRE, l'embrassant.

Ça fait du bien... encore! Et le marquis qui me disait : Labaudière, il ne faut jamais surprendre sa femme !

BLANCHE

Le fait est que je ne t'attendais que demain.
(Mélanie a pris les paquets de Labaudière et s'est retirée.)

LABAUDIÈRE

Nous avons pris à Alger un marcheur étonnant, le *Spartacus*, il filait 15 nœuds, il paraît que c'est beaucoup, et puis nous étions favorisés par une jolie brise S. S. O. 1/4 S. O.

BLANCHE

Qu'est-ce que cela?

LABAUDIÈRE

Je ne sais pas... C'est le capitaine du *Spartacus* qui m'a dit cela... Enfin, nous avons gagné six heures, et nous avons débarqué à Marseille assez à temps pour prendre le train de huit heures. — Le marquis me disait: nos femmes ne nous attendent que demain, restons ici, nous visiterons la Cannebière, il paraît que c'est très-

gai... — Mais, moi, j'étais pressé de te voir... et me
voilà.

BLANCHE

C'est très-aimable... et tu es content de ton voyage ?

LABAUDIÈRE

Enchanté. — Le marquis est un homme vraiment
extraordinaire : — il a un flair ! Grâce à lui, j'ai acheté
pour rien 1,000 hectares de chênes-liége... haute futaie !
Dans un an, nous inondons de bouchons tous les mar-
chés de l'Europe.—Ah ! Alger ! voilà un pays... j'ai mangé
des petits pois... j'ai beaucoup de notes... Mais je te con-
terai ça quand j'aurai fait mes ablutions.

BLANCHE

Tu dois être très-fatigué...

LABAUDIÈRE

Du tout. Nous avons pris un wagon où l'on doit
dormir, c'est écrit dessus... — Mais où donc est
Baptiste ?

BLANCHE

Je l'ai renvoyé.. j'attends ce matin un nouveau domestique.

LABAUDIÈRE

Tu as bien fait...—il n'était bon à rien ce garçon-là...

BLANCHE

A tout à l'heure... je vais faire préparer ton déjeuner.

6

C'est cela. Je meurs de faim. (*Il sort par la porte de gauche premier plan.*)

SCÈNE DEUXIÈME

BLANCHE, puis ADALBERT, en costume de soirée.

BLANCHE

On dit que les voyages forment la jeunesse... il faut croire qu'ils déforment l'âge mûr, — il n'est pas embelli mon mari!.. Enfin!.. (*Elle redescend et aperçoit Adalbert qui est entré vivement et est tombé dans un fauteuil en disant :* Ouf!) Vous ici, monsieur! à cette heure?

ADALBERT, se levant.

Excusez-moi, madame. Je sais que ma visite est aussi anormale que matinale... mais... un accident...

BLANCHE

Est-ce que la marquise?..

ADALBERT

Non, c'est le marquis... un ami de quinze ans que je tutoie... il aurait tout de suite fait des suppositions ridicules s'il m'avait rencontré chez lui... dans ce costume de cérémonie.

BLANCHE

Mais... en effet... (*Elle sourit.*)

ADALBERT

Il aurait eu tort, madame. (*Très-vite.*) Hier, la marquise m'écrit : Mon petit Caradan, il y a bal ce soir chez les du Verglas, venez donc me prendre. — Je m'incruste dans cet habit noir et j'accours. — Ce matin à deux heures, après le cotillon que j'avais conduit... vous savez, avec une grosse tête en carton — la marquise me dit : Mon petit Caradan, j'ai envie de marcher, voulez-vous me reconduire à pied. J'étais éreinté, parce que j'avais conduit le cotillon... avec...

BLANCHE

Avec une grosse tête en carton.

ADALBERT, vite.

C'est vrai, je l'avais déjà dit... Une fois devant la grille, je veux prendre congé... mais Yseult, c'est-à-dire la marquise, me fait observer que la lune est dans son plein et qu'il y a dans le petit salon une fenêtre qui donne sur la lune... Je monte, n'est-ce pas? — Bon ! Tout à coup nous entendons un carillon du diable... et Yseult, c'est-à-dire la marquise, s'écrie : C'est le coup de cloche du marquis... Sautez, mon petit Caradan. — Il y avait trois mètres. Ça ne fait rien... Ce qu'il y a de drôle, c'est que j'aurais eu du plaisir à le revoir, un ami de quinze ans que je tutoie et qui vient d'Afrique... Enfin, je saute tout de même... je tombe dans une cor-beille d'œillets d'Inde. Je m'élance au fond du jardin... je grimpe sur le mur... il n'y avait pas de tessons de bou-teille heureusement. Je le franchis... j'entre chez vous... je veux filer... mais le jardinier m'avait vu... Alors, j'ai pris le parti d'entrer...

BLANCHE

Il faut vous éloigner, mon mari est de retour... et

je vous avoue que je ne saurais comment lui expliquer votre présence ici.

ADALBERT

C'est juste. Il aurait peut-être des soupçons, — ils sont bêtes, les maris! Au revoir, madame. Ah! si vous saviez comme tout ça m'ennuie! — (*Fausse sortie.*) Je ne tenais pas du tout… oh! mais pas du tout… à faire de l'astronomie, la nuit dernière.

BLANCHE

Excusez-moi, monsieur le vicomte.

ADALBERT

Parfaitement… Au revoir, madame. (*Fausse sortie.*) Elle est si absorbante la marquise! et le médecin qui me défend les émotions et me recommande les ferrugineux!.. C'est à cause du cœur… ou de la rate… il ne sait pas au juste… Mais il affirme que je dois avoir l'œil sur ces deux viscères.

BLANCHE

Monsieur…

ADALBERT

Croiriez-vous, madame, qu'en deux mois j'ai perdu seize kilos. (*Sur un geste de Blanche.*) Vous ne le croyez pas?

BLANCHE

Si, monsieur… mais…

ADALBERT

Je vous comprends… Alors il est jaloux, ce cher Labaudière?

BLANCHE, baissant les yeux.

Je ne sais pas encore...

ADALBERT

Moi... à sa place... Je m'en vais, madame. (*Il s'éloigne.*)

BLANCHE

Oh! monsieur! Mais voyez donc... sur ce fauteuil.

ADALBERT, redescendant.

Tiens! de la terre... Ça vient de la corbeille d'œillets d'Inde...

BLANCHE

Si mon mari...

ADALBERT

Il ne laisse pas traîner des plates-bandes sur ses fauteuils... n'est-ce pas? Rassurez-vous... il n'y paraîtra plus. (*Il brosse le fauteuil, Labaudière entre par la gauche et le regarde.*)

BLANCHE

Ciel! mon mari!

SCÈNE TROISIÈME

LES MÊMES, LABAUDIÈRE.

LABAUDIÈRE, très-calme.

Ah! c'est le nouveau domestique?

ADALBERT, se retournant.

Hein?

BLANCHE, vite.

Justement, mon ami.

ADALBERT, à part.

Qu'est-ce qu'elle dit ? Qu'est-ce qu'elle dit ?

LABAUDIÈRE

Je l'ai tout de suite reconnu... à cause du costume...
Ah ! les hommes du monde seuls savent porter l'habit...
comme on voit bien que celui-ci est emprunté !.. vous
avez des certificats ?..

BLANCHE

Oui, mon ami... excellents...

LABAUDIÈRE

Votre nom, mon garçon !

ADALBERT

Adalbert.

LABAUDIÈRE

Albert ?

ADALBERT

Non. Ad... Adalbert.

LABAUDIÈRE

C'est commun... on vous appellera Baptiste... nous
sommes habitués à ce nom.

ADALBERT

Baptiste ! il me débaptise !

LABAUDIÈRE

Vos dernières places ?..

ADALBERT

La baronne des Glacis... une petite boulotte... oh! je l'aimais bien... nous avons eu une discussion sur la linguistique... elle prétendait que : amour ne s'emploie qu'au pluriel. Alors je l'ai quittée pour la grande Léa des Variétés, une rousse, très-bon garçon... elles vous diront que je ne crains pas la fatigue !

LABAUDIÈRE

Bon... parce qu'il y a à frotter... vous frottez, n'est-ce pas ?

ADALBERT

Dame ! je frotte comme tout le monde...

LABAUDIÈRE

Vous savez un peu de cuisine?..

ADALBERT

De cuisine ?.. (*Il rit.*) Ah! pour ça... (*Sur un geste de Blanche.*) Je réussis les œufs durs.

BLANCHE

Il est intelligent, mon ami... il s'y mettra

LABAUDIÈRE

Soit! du moment que vous plaisez à ma femme...

ADALBERT, vivement.

Il serait vrai, madame ?

BLANCHE, baissant les yeux.

Puisque mon mari vous le dit.

LABAUDIÈRE

Ma femme n'aime pas le changement, ni moi non plus... — Je serai pour vous, si vous nous contentez, un maître juste et doux, et vous aurez en madame une maîtresse, qui ne vous fera pas regretter vos anciennes.

ADALBERT

Oh ! pour cela... j'en suis sûr.

LABAUDIÈRE

Bien, mon ami... allez mettre la livrée...

ADALBERT

Ah ! il faut que...

LABAUDIÈRE

Oui... Mélanie vous montrera la chambre du Baptiste que nous avons renvoyé... il était de votre taille... Allez, mon ami...

ADALBERT, à part.

La livrée ! ah ! si les amis du petit cercle me voyaient ! ce serait à rire ! (*Il sort.*)

SCÈNE QUATRIÈME

LABAUDIÈRE, BLANCHE.

LABAUDIÈRE

Ce garçon est bien... je crois qu'il plaira au marquis.

BLANCHE

Décidément, te voilà tout à fait lié avec le marquis ?

LABAUDIÈRE

Je crois que je lui suis très-sympathique... comme c'est heureux que j'aie fait l'acquisition de cette maison de campagne qui est voisine de la sienne ! — C'est un homme, ma chère amie, qui ayant passé vingt ans dans la diplomatie, y a acquis un flair surprenant. — Je lui disais encore hier : Quel flair vous avez ! A quoi, il me répondait avec modestie : Mon cher, c'est une affaire de nez... dès que je suis sur une piste... la curée n'est pas loin. — Sans lui je n'aurais jamais obtenu cette concession. — Partout où nous descendions, il allait voir le préfet... c'est sa spécialité : il visite les préfets. Et comme il est marquis... il porte de girouettes sur champ de... de quelque chose... alors, naturellement, les préfets n'ont rien à lui refuser... mais tu ne m'écoutes pas...

BLANCHE

Mais si, mon ami, tu me parlais de girouettes...

LABAUDIÈRE

Non... je te parle du marquis. Dis donc, Blanche... je ne sais pas si tu es comme moi... viens donc là... (*Il s'assied sur le canapé.*)

BLANCHE

Que veux-tu ?..

LABAUDIÈRE

Pense donc, deux mois sans te voir !.. Entre nous, les femmes d'Alger... figure-toi qu'on ne voit que leur nez... et encore ! J'ai mille choses à te dire... mais approche-toi donc ?..

BLANCHE

Voici le marquis !

SCÈNE CINQUIÈME

LES MÊMES, LE MARQUIS.

LE MARQUIS

Madame... mes respectueux hommages.

BLANCHE

Monsieur le marquis...

LABAUDIÈRE

Vous avez trouvé madame la marquise en bonne
santé ?

LE MARQUIS

Excellente... fatiguée cependant... Avec mon flair, je
lui ai dit tout de suite : Je parie que vous sortez du bal ?
Et c'était vrai !..

BLANCHE

Ah ! vous avez deviné...

LE MARQUIS

Madame, j'ai été vingt ans dans la diplomatie. En me
voyant, Yseult a oublié sa fatigue... Que voulez-vous,
elle m'aime sincèrement, c'est une affection basée sur
l'estime... Je viens vous chercher pour déjeuner.

BLANCHE

Vous êtes vraiment trop aimable. Va... mon ami.

LABAUDIÈRE

Et toi ?

BLANCHE

Impossible! et le nouveau domestique.

LABAUDIÈRE

C'est juste, il faut que tu le styles...

LE MARQUIS

Ah !.. vous n'avez plus Baptiste?

LABAUDIÈRE

Non... un garçon très-distingué... qui a servi dans de bonnes maisons.

LE MARQUIS

Je le verrai... je vous dirai ce que j'en pense.

BLANCHE

Vous m'excuserez auprès de madame la marquise.

LE MARQUIS

Certainement. Je ne vous enlèverais pas Labaudière, si nous n'avions à causer d'affaires graves. C'est aujourd'hui que nous nommons le bureau de notre Société de bouchons, et vous comprenez...

BLANCHE

Parfaitement...

LABAUDIÈRE

A tout à l'heure, ne t'impatiente pas.

LE MARQUIS, en s'en allant.

Est-ce que vous n'avez pas un gros chien chez vous ?

LABAUDIÈRE

Un gros chien ? Non... je ne vois pas ça...

LE MARQUIS

Ah ! c'est que j'ai trouvé tout à l'heure, sous la fenêtre de la chambre de ma femme... de larges empreintes. Vous savez, je ne me trompe pas. Je me suis dit : Ça doit être un gros chien... Je vais faire poser un piége à loups.

(Ils sortent.)

SCÈNE SIXIÈME

BLANCHE, puis MÉLANIE et ADALBERT.

BLANCHE

Que faire ? Comment sortir de là ? Si mon mari apprend ce qui arrive, je ne parviendrai jamais à détruire ses soupçons... Il croira que le vicomte est ici pour moi... Allons, il faut le congédier promptement. *(Mélanie et Adalbert entrent ; ils portent une table servie.)*

MÉLANIE

Madame est servie.

BLANCHE

Bien.

ADALBERT, à part.

C'est très-fatigant ce métier-là ! Je suis moulu... *(Il s'assied.)*

BLANCHE

Baptiste.

ADALBERT, à part.

Voilà ! Décidément, je suis domestique.

BLANCHE

Est-ce que vous ne m'entendez pas, Baptiste !

ADALBERT

C'est juste ! je suis Baptiste.

BLANCHE

Une chaise, je vous prie... Merci.

MÉLANIE

Est-ce que monsieur ne déjeune pas ?

BLANCHE

Non.

MÉLANIE

Alors, je vais enlever le couvert.

BLANCHE

Inutile. Baptiste me servira.

MÉLANIE, regardant Adalbert.

Est-il distingué, ce gaillard-là !

(*Elle sort.*)

SCÈNE SEPTIÈME

ADALBERT, BLANCHE.

(Adalbert est derrière Blanche, debout, une serviette sous le bras.)

BLANCHE, se retournant du côté d'Adalbert.

Vous comprenez, monsieur le vicomte, que votre position est des plus fausse.

ADALBERT

En effet... (*Il rit.*) Mais elle est comique.

BLANCHE

J'ai saisi avec empressement l'occasion offerte par mon mari...

ADALBERT

Ce cher Labaudière ! C'est quelquefois utile à quelque chose, un mari.

BLANCHE

Je vous suis très-reconnaissante de ne pas m'avoir démentie... Mais vous ne pouvez rester plus longtemps sous cette livrée.

ADALBERT, il se place devant Blanche et s'appuie sur la chaise destinée à Labaudière.

Mais je n'ai pas à me plaindre. Quoique... depuis quelques instants... (*Il se frotte l'estomac.*)

BLANCHE, se levant.

Qu'avez-vous, monsieur ?

ADALBERT

Je crois que c'est l'estomac.

BLANCHE

C'est juste... vous êtes à jeun. Et moi qui ne songeais pas... (*Elle regarde au fond et revient.*) Asseyez-
vous là.

ADALBERT

A la place de Labaudière.

BLANCHE

Je vous en prie... (*Il s'assied.*)

ADALBERT

J'accepte.

BLANCHE, le servant.

Vous m'excuserez... J'étais si troublée.

ADALBERT, mangeant ce que lui sert Blanche qui est debout
devant lui.

Merci !

BLANCHE, s'asseyant en face de lui.

Comment se fait-il, monsieur le vicomte, qu'un jeune
homme bien élevé, de bonne famille, s'expose à de
pareilles aventures ?

ADALBERT, parlant et mangeant à la fois.

Pardon, madame, mais je vous ferai observer que si
j'étais mal élevé et de mauvaise famille... Yseult, je veux
dire la marquise, ne m'aurait pas invité à faire de l'astronomie... que, par conséquent, je n'aurais pas sauté
au milieu d'une corbeille d'œillets d'Inde, ce qui m'au-

rait, naturellement, privé du bonheur... de déjeuner en tête-à-tête avec vous.

BLANCHE *s'accoude sur la table en face de lui et le regarde.*

Voyons, monsieur... Vous avez une santé délicate... il vous faudrait de grands ménagements... et vous abrégez votre existence... Vous voulez donc mourir dans l'impénitence finale ?

ADALBERT

Il est délicieux ce chocolat... Ah ! ça va tout à fait bien.

BLANCHE

Et vous voilà tout prêt à recommencer votre saut périlleux.

ADALBERT

Pour la marquise ? Non... je ne crois pas... Mais...

BLANCHE

Il paraît que je ne n'ai pas réussi à vous convertir.

ADALBERT

Vous êtes un trop charmant docteur, madame. On ne pense pas à l'ordonnance, on ne voit que les jolies lèvres qui la dictent.

BLANCHE

Monsieur Adalbert... il faut vous marier.

ADALBERT

Si monsieur Labaudière avait la délicatesse de laisser une veuve...

BLANCHE

Oh ! si la marquise vous entendait !

ADALBERT

Ne me parlez pas d'elle... C'est une femme fort aimable, mais elle a un défaut... Je ne parle pas de son mari, un ami de quinze ans... Elle est nerveuse ! oh ! mais nerveuse comme on ne l'est pas ! Il lui faut des émotions fortes... elle saute, bavarde, mange de minuit à six heures, et ne se lève que lorsque le potage est servi. — Elle trouve que le soleil est un astre bête, qui fait une concurrence déloyale aux becs de gaz, et n'est bon que pour les petites gens. — Elle ne connaît qu'un astre, qu'elle trouve très-distingué, la lune !

BLANCHE, riant.

Oh ! vous plaisantez.

ADALBERT

Puisque je vous dis que j'ai perdu seize kilos ! Tenez, depuis deux heures je commence à respirer. Je me sens libre depuis que j'ai endossé votre livrée... — Vous me croirez si vous voulez... mais je n'avais jamais envisagé la domesticité sous ce point de vue... et...

BLANCHE, riant.

Et monsieur le vicomte de Caradan consentirait...

ADALBERT

A servir ?.. certainement, madame... auprès d'une maîtresse comme vous.

BLANCHE, se levant.

Monsieur !

SCÈNE HUITIÈME

LES MÊMES, YSEULT.

YSEULT

Bonjour, chère amie.

ADALBERT

Yseult !

YSEULT

Je ne me trompe pas... le vicomte en livrée... (*Elle rit.*) Qu'est-ce que cela veut dire ?

ADALBERT, saluant.

Je prie madame la marquise d'agréer l'assurance...

YSEULT

De votre considération distinguée. (*Elle rit.*) C'est très-nature. Mais expliquez-moi...

BLANCHE

Mon mari a surpris ici monsieur qui, après avoir escaladé notre mur, était venu échouer sur ce canapé. — Vous comprenez mon embarras, je ne savais comment expliquer cette visite. Mais j'attendais justement un nouveau domestique, et monsieur Labaudière s'est chargé lui-même du quiproquo.

YSEULT

C'est parfait ! Savez-vous, vicomte, que vous avez tout à fait l'air d'un vrai domestique ?

ADALBERT, vexé.

Alors, c'est une question d'habit.

YSEULT

Ne vous fâchez pas... Ces messieurs prennent le café et ils sont tout à leur Société de bouchons... Il faut trouver quelque chose pour tirer ce cher ami du guêpier où il s'est fourré... Venez ici. (*Ils s'assoient sur le canapé, le vicomte entre les deux femmes.*)

BLANCHE

Cela n'est pas facile... Il ne faut pas que mon mari puisse soupçonner l'identité de monsieur.

ADALBERT

Voulez-vous que je reste à votre service?..

YSEULT

Ne dites pas de bêtises... Cette situation ridicule doit cesser le plus tôt possible... Mon mari peut venir ici... il vous reconnaîtra...

ADALBERT

Naturellement. — Un ami de quinze ans... que je tutoie... Ça n'est même pas très-délicat... mais je lui devais bien ça... — Figurez-vous que j'étais amoureux de ma tante... Vous avez connu ma tante Clémentine, marquise?

YSEULT

Oui, quarante-cinq ans, — bien conservée.

ADALBERT

Il y a douze ans de ça... elle n'était pas encore classée dans les conserves. Eh bien !.. le marquis fit parler son

cœur... à ma tante... Vous comprenez... c'était ma première cause... Ça m'a vexé sur le moment... mais
aujourd'hui je pense que,..

YSEULT

Vous allez dire une grossièreté, vicomte! — Blanche,
dites-moi, que comptez-vous faire de monsieur?

BLANCHE

Il m'embarrasse beaucoup... Si le marquis venait ici...

YSEULT

Oh! lui... c'est un diplomate...

BLANCHE

Pas tant que vous croyez... Il semblait très-préoccupé
ce matin... Il paraît que monsieur le vicomte a sauté
dans une corbeille d'œillets d'Inde et...

YSEULT

Que vous êtes maladroit...

ADALBERT

Tiens! j'aurais bien voulu vous y voir.

YSEULT

Avez-vous une idée, Adalbert?

ADALBERT

Pardon : Baptiste.

YSEULT

Ne plaisantons pas... Qu'est-ce que vous trouvez?..

ADALBERT

Moi... je me trouve très-bien ici.

YSEULT

Cherchons... Ah! cher ami, qu'est-ce que je deviendrais loin de vous? (*Elle lui prend une main, le vicomte prend celle de Blanche de l'autre côté.*)

ADALBERT

Eh bien! et moi?.. Je ne veux pas vous quitter...

YSEULT lui serre la main.

Vous m'appartenez, vicomte.

ADALBERT, de même, à Blanche.

Je suis tout à vous.

YSEULT

Ah! j'ai un moyen...

BLANCHE

Parlez... chère amie.

YSEULT

C'est fort simple... Monsieur le vicomte est entré ici comme domestique, n'est-ce pas? Eh bien!.. il faut qu'il sorte comme il est entré.

ADALBERT

Comprends pas...

BLANCHE

Ni moi.

YSEULT

Il faut qu'il se fasse chasser.

BLANCHE

C'est vrai...

ADALBERT

Alors, je n'aurai pas de certificat, et si je veux une autre place ?..

BLANCHE

Voici mon mari.

YSEULT

Vite... cassez quelque chose.

ADALBERT

Que je casse ?..

YSEULT

Quelque chose de cher... Est-ce qu'il tient à ce vase ?..

BLANCHE

Son sèvres ! je crois bien...

YSEULT, *le lui donnant.*

Parfait... cassez le sèvres... Allons donc... et surtout, soyez insolent...

ADALBERT

Soit !.. je casse... (*A part.*) Oh ! les femmes nerveuses ! (*Il casse le vase.*)

SCÈNE NEUVIÈME

LES MÊMES, LABAUDIÈRE.

BLANCHE

Maladroit !

LABAUDIÈRE

Baptiste ! qu'est-ce que vous faites là ?

ADALBERT

Monsieur voit bien... Je casse.

LABAUDIÈRE

Mon vieux sèvres !

ADALBERT

S'il est vieux, qu'est-ce que ça fait?.. J'en ai cassé bien
d'autres, et du neuf...

LABAUDIÈRE

Sortez ! je vous chasse...

ADALBERT

Monsieur me donnera bien mes huit jours.

LABAUDIÈRE

Quelle audace !.. Vous l'entendez, madame !

YSEULT

Le fait est qu'il a de l'aplomb.

ADALBERT

J'espère que monsieur me délivrera un bon certificat.

LABAUDIÈRE

Je crois qu'il me nargue ! (*Il le prend par le collet.*)
Sortez... et prenez garde... je suis très-fort. (*Il le pousse,
Adalbert tombe dans les bras du marquis qui entre.*)

SCÈNE DIXIÈME

LES MÊMES, LE MARQUIS.

LE MARQUIS

Adalbert !

ADALBERT

Gaston !

LE MARQUIS

Ce pauvre vieux... comme il y a longtemps...

ADALBERT

Un siècle !

LE MARQUIS

Ça va bien?..

ADALBERT

Et toi ?

BLANCHE

Que va-t-il dire ?

YSEULT

Ne craignez rien... le marquis va l'aider.

LABAUDIÈRE, au marquis.

Comment, monsieur le marquis, vous êtes l'ami de
mon domestique ?

LE MARQUIS

Domestique, lui ! le vicomte de Caradan !

LABAUDIÈRE

Un vicomte !

LE MARQUIS

Authentique. (*A sa femme.*) Chère amie, je te présente Adalbert. (*Ils se saluent cérémonieusement.*) Mais au fait... c'est vrai... tu es domestique... (*Il rit.*)

ADALBERT, baissant la tête.

Hélas ! (*Il prend d'un air triste la main du marquis et celle de Labaudière, et les fait descendre.*)

BLANCHE, au fond à Yseult.

Vous riez, madame, moi j'ai peur.

YSEULT

Ne craignez donc rien... le vicomte a l'habitude.

ADALBERT

Savez-vous combien il y a de bacheliers ès lettres parmi les cochers de fiacre ?

LE MARQUIS

La statistique en accuse deux pour cent.

LABAUDIÈRE, admirant.

Il sait tout... Monsieur le marquis, vous êtes un puits... (*Il lui tend la main que le marquis serre. Adalbert est au milieu.*)

LE MARQUIS, modeste.

Affaire de nez... mon cher... (*A Adalbert.*) Mais je ne vois pas la liaison...

ADALBERT

Ruiné !

LES DEUX HOMMES, lui prenant la main.

Oh !

ADALBERT

Débâcle complète ! le jeu... les entreprises industrielles... Mais j'avais de ça... j'ai tout payé... et voulant me créer une position indépendante, je me suis fait domestique. (*Les deux femmes, qui ont écouté, se détournent pour rire.*)

LABAUDIÈRE

C'est beau !

LE MARQUIS

C'est grand !

ADALBERT, à Labaudière, ému.

Je ne demande qu'une chose... rester à votre service.

LABAUDIÈRE, s'essuyant les yeux.

Oh ! je vous épargnerai les gros ouvrages.

LE MARQUIS

Moi, j'ai une idée.

ADALBERT, à part.

Diable !

LE MARQUIS

Je vais courir les ministères et je te rapporte une place.

ADALBERT

Dans les ministères ! Oh ! non... vois-tu, il faudrait me rallier au gouvernement.

LE MARQUIS

Tu te rallieras pour quelque temps, et puis... plus
tard...

ADALBERT

Non... ce serait fouler aux pieds mes convictions...

LE MARQUIS

Laisse-moi faire... une petite sinécure, bien rétri-
buée... laisse-moi faire... (*Il va prendre la main de sa
femme.*) Venez, madame, et saluez un honnête homme.
(*Ils se saluent. Sortent le marquis et Yseult.*)

SCÈNE ONZIÈME

ADALBERT, LABAUDIÈRE, BLANCHE.

LABAUDIÈRE

Comme la noblesse est atteinte! Blanche, monsieur
le vicomte nous reste, pour quelques jours.

BLANCHE

Comme domestique?

LABAUDIÈRE

Oui... (*A Adalbert.*) Je suis touché... réellement touché .. un Caradan! vous êtes de vieille souche?

ADALBERT

Je crois bien... Enguerrand de Caradan a eu, à Azin-
court, deux chevaux tués sous lui.

LABAUDIÈRE, ému.

Pauvres bêtes! Le marquis vous trouvera quelque chose... En attendant... nous aurons des égards... Que faites-vous?

ADALBERT, qui s'est approché de la table.

Je vais desservir.

LABAUDIÈRE

Vous plaisantez... (*Il sonne, entre Mélanie.*) Mélanie, enlevez le couvert. Il faut aussi aller à la cave...

ADALBERT

Si vous voulez me donner les clefs...

LABAUDIÈRE

Mais non... Blanche...

BLANCHE

J'y vais, mon ami... (*Elle enlève la table avec Mélanie.*)

SCÈNE DOUZIÈME

LABAUDIÈRE, ADALBERT.

ADALBERT

Si vous croyez, monsieur, que je vais me croiser les bras... (*Il va prendre le balai, le bâton à cire et la brosse.*)

LABAUDIÈRE

Que voulez-vous faire?

ADALBERT

Je frotterai, monsieur...

LABAUDIÈRE, voulant lui enlever.

Je vous le défends...

ADALBERT, frottant.

Je suis un honnête homme.

LABAUDIÈRE, prenant la brosse et frottant pendant qu'Adalbert cire.

Monsieur, ce que vous faites là n'est pas bien.

ADALBERT, cirant.

Vous êtes bon, vous êtes un brave et digne homme, monsieur Labaudière. Je ferai mon devoir jusqu'au bout. (*Il dérange le canapé.*)

LABAUDIÈRE, le poursuivant la brosse au pied et rangeant tous les meubles qu'Adalbert dérange.

Une vieille souche comme vous... Je vous dis que je suis honteux... — Monsieur, je vous apprendrai que la bourgeoisie a quelque chose là !

ADALBERT

Monsieur... je le crois... mais je veux gagner mes gages... Dieu ! que j'ai chaud.

SCÈNE TREIZIÈME

LES MÊMES, BLANCHE.

LABAUDIÈRE, à part.

Je suis éreinté. (*Haut.*) Blanche, aide-moi, empêche monsieur le vicomte de se fatiguer ainsi... Je n'en peux plus !

BLANCHE, prenant le balai.

Monsieur de Caradan, je vous en prie...

ADALBERT, cirant.

Non, madame, je suis votre serviteur...

BLANCHE, balayant.

Monsieur le vicomte, songez à votre santé.

ADALBERT, cirant.

Vous vous y intéressez donc ?..

BLANCHE, cirant.

Par amitié pour la marquise...

ADALBERT, cirant.

Vous savez bien que je ne l'aime plus et que c'est vous...

LABAUDIÈRE, passant entre eux, en frottant.

Dieu ! que j'ai le gosier sec... Blanche... fais-lui donc comprendre que je ne puis être son maître... et que tu ne peux être sa maîtresse.

ADALBERT

Ne me dites pas cela, madame... vous me réduiriez au désespoir.

LABAUDIÈRE, s'essuyant le front, tout en frottant.

C'est bien, vicomte... nous en passerons par où vous voulez... Mais, pour Dieu, arrêtez-vous... j'en ferais une maladie.

SCÈNE QUATORZIÈME

LES MÊMES, LE MARQUIS et YSEULT.

LE MARQUIS

Tableau d'intérieur.

YSEULT

Que nous vous demandons la permission d'interrompre. (*Labaudière, Adalbert et Blanche sont assis, essoufflés.*)

ADALBERT

Déjà revenu des ministères!

LE MARQUIS

Je n'y suis pas allé.

LABAUDIÈRE

Vous avez trouvé quelque chose de mieux?

LE MARQUIS

C'est la marquise...

YSEULT

C'était bien simple... Pour votre Société de bouchons il faut un secrétaire...

LABAUDIÈRE

C'est juste.

LE MARQUIS

Je suis président... Labaudière, vice-président ; toi, secrétaire, voilà le bureau formé.

ADALBERT

Très-ingénieux. (*A part.*) Le diable l'emporte !

LE MARQUIS

Tu acceptes ?

BLANCHE, bas.

Vous allez retourner près de la marquise ?

ADALBERT, bas.

Pour vous sauver... mais demain... (*Haut.*) J'accepte... jusqu'à ce que la fortune me soit de nouveau favorable... Car je dois vous dire que je possède une tante fort riche et...

LE MARQUIS, riant.

Elle vit encore, la tante Clémentine ?

ADALBERT

Elle est bien bas... J'espère, monsieur Labaudière, que vous me permettrez de venir vous voir...

LABAUDIÈRE

Monsieur le vicomte, j'en serai fier et heureux.

LE MARQUIS

Nous repartons pour l'Algérie, ma femme le veut absolument... nous t'emmenons, vicomte.

BLANCHE, triste, bas.

Vous partez ?

ADALBERT, bas.

Pas si bête... demain je tue la tante Clémentine.

La toile tombe.

TOUT CHEMIN MÈNE A ROME

Comédie en un acte

Par M. André RAIBAUD.

PERSONNAGES

MADAME DE LA NERTHE, trente ans.

MADAME DE ROMANS, veuve, vingt-cinq ans.

Le Comte RAOUL DE BONNIÈRES, trente-trois ans, ancien officier, chevalier de la Légion d'honneur.

Edgard DUPONT, ancien sous-préfet, trente-deux ans.

BLACK, couturier à la mode, décoré de l'Ordre d'Isabelle la Catholique.

La scène se passe à Paris, chez Madame de la Nerthe, en Janvier 1878.

TOUT CHEMIN MÈNE A ROME

Un salon.

SCÈNE PREMIÈRE

DE BONNIÈRES, MADAME DE LA NERTHE.

MADAME DE LA NERTHE

Eh bien ! Hernani, êtes-vous satisfait de votre dona
Sol ?

BONNIÈRES, froidement.

Vous jouez admirablement... Avons-nous fini ?

MADAME DE LA NERTHE

Non. Edgard Dupont et madame de Romans ne doivent
venir qu'à deux heures pour répéter *la Florentine.*
Nous avons encore vingt minutes à nous. C'est plus
qu'il ne nous faut pour dire la dernière scène : la scène
du poison.

BONNIÈRES, avec résignation.

Soit !

MADAME DE LA NERTHE

Je rentre, vous savez, les mains vides.
« *Je n'ai pu le trouver, ce coffret.*

BONNIÈRES, sans entrain.

　　　　　　　　　　« *Dieu ! c'est elle !*

« *Dans quel moment !*

MADAME DE LA NERTHE

« Qu'a-t-il ? je l'effraie, il chancelle
« A ma voix. Que tiens-tu dans ta main ? quel soupçon !
« Que tiens-tu dans ta main ? réponds… c'est du poison !

BONNIÈRES

« Grand Dieu !

MADAME DE LA NERTHE

« Que t'ai-je fait ? quel horrible mystère !..
« Vous me trompiez, don Juan.

BONNIÈRES

« Ah ! j'ai dû te le taire,
« J'ai promis de mourir au duc qui me sauva ;
« Aragon doit payer cette dette à Silva.

MADAME DE LA NERTHE

« Vous n'êtes pas à lui, mais à moi. Que m'importe
« Tous vos autres serments !..

BONNIÈRES

« J'ai juré ! »

MADAME DE LA NERTHE

Mais non, Bonnières, vous sautez deux vers !.. et puis
ce n'est pas la note, pas du tout ! Vous manquez absolument de couleur locale, mon ami ; vous nous débitez
cela séchement, rapidement, comme vous devez réciter
le Code civil aux braves gens que vous mariez dans
votre village, quand une partie de chasse vous attend.
Il me semble vous entendre : *« Les époux se doivent*
mutuellement fidélité et assistance ; le mari doit protec-
tion à sa femme ; la femme doit… la femme doit… » Je

n'ai jamais pu me rappeler ce que la femme doit...
d'après votre Code civil, — un joli ouvrage ! Quant à
vous, mon ami, tâchez de vous rappeler qu'en ce moment
vous ne mariez pas des villageois, mais que vous vous
disposez à mourir pour mes beaux yeux ; que vous ne
portez pas un habit noir, orné d'une écharpe tricolore,
mais bien un pourpoint de velours violet et un maillot
gris-perle !

BONNIÈRES

Hélas !

MADAME DE LA NERTHE

Vous n'êtes plus le comte Raoul de Bonnières, ancien
capitaine de chasseurs, actuellement maire de Crécy-
sur-Seine et membre du Petit Cercle, mais bien
Hernani,

« *Duc de Segorbe et duc de Cardona,*
Marquis de Monroy, comte Albatera, vicomte
De Gor, seigneur de lieux dont j'ignore le compte.

Vous êtes :

« *... Jean d'Aragon, grand-maître d'Avis, né*
Dans l'exil, fils proscrit d'un père assassiné. »

Enfin, mon ami, vous êtes mieux que tout cela :

« *Vous êtes mon lion superbe et généreux.* »

Voyons, Bonnières, regardez-vous dans la glace : avez-
vous l'air d'être mon lion superbe et généreux ? Secouez
un peu votre crinière. Animez-vous ! du feu ! de l'élan !
de la conviction !

BONNIÈRES

J'aurai beau faire, la conviction me manquera toujours.

MADAME DE LA NERTHE

Pourquoi donc ?

BONNIÈRES

Parce que je remplis une véritable corvée; parce que je joue contre mon gré; parce que je déteste ces exhibitions dramatiques; parce que je trouve parfaitement ridicule d'aller, sous prétexte de charité, s'offrir en spectacle à deux ou trois cents personnes qui achètent, deux louis par tête, le droit de se moquer de vous. Si encore il s'agissait d'une petite pièce sans prétention comme *la Florentine*. Mais *Hernani ! Hernani* joué par des amateurs ! dans vos salons ! c'est absurde !...

MADAME DE LA NERTHE

Pourquoi en êtes-vous donc? Sans vous offenser, je crois qu'en cherchant, en cherchant bien, on finirait par trouver un Hernani aussi... entraînant que vous.

BONNIÈRES

Pourquoi j'en suis ? Eh ! ma chère amie, vous le savez bien : parce que madame de Romans a logé cette idée saugrenue dans un coin de sa cervelle. Or, ce qui est là... y reste ! C'est une petite citadelle blindée, casematée, qui pourra sauter un jour, mais se rendre, — jamais !

MADAME DE LA NERTHE

Vous ne savez pas vous y prendre !

BONNIÈRES

Comment ! je lui ai dit : « C'est bien pour vos *Pupilles de Sainte-Anne* que vous voulez jouer *Hernani*

et *la Florentine?* — Oui. — Pour vos pupilles seulement? — Sans doute. — Et combien pensez-vous que cette représentation puisse rapporter? — De quatre à cinq mille francs. — Je vous en donnerai huit mille, et nous ne jouerons pas! » Ah! j'ai été bien reçu!..
— «Vous n'avez donc pas de cœur?.. vous ne vous intéressez donc pas à ces petits êtres sans famille! Vous ne savez payer que de votre bourse et non de votre personne, etc... »

MADAME DE LA NERTHE

Alors, vous avez cédé?

BONNIÈRES

Naturellement, comme toujours. Vous savez bien qu'elle fait de moi ce qu'elle veut, qu'elle me plie à toutes ses fantaisies, à tous ses caprices; que je proteste d'abord, que j'obéis ensuite, que je parle toujours de me démettre, et que finalement je me soumets... Je commence pourtant à être fatigué de ce rôle ingrat, de cette docilité d'enfant, qui m'avilit, qui me fait rougir de moi-même... et ne me rapporte rien!

MADAME DE LA NERTHE

Fi! le vilain mot. Les hommes sont tous les mêmes. Ils voudraient toujours être payés comptant... Des soins, des égards, des cajoleries, tant qu'on voudra, mais *contre remboursement!..* Voyons, banquier que vous êtes, voyons, Bonnières et Cⁱᵉ, ne pouvez-vous lui accorder un peu de délai, à cette pauvre Marguerite?.. Si l'on vous proposait un règlement à 90 jours?

BONNIÈRES, souriant.

L'endosseriez-vous?

MADAME DE LA NERTHE

Oui...

BONNIÈRES

Eh! chère amie, combien de renouvellements m'avez-vous déjà demandés depuis que je vous ai fait la confidence de mon amour, et que vous l'avez pris sous votre protection... car vous le protégiez!

MADAME DE LA NERTHE

Sans doute! je trouvais que Marguerite, avec ses vingt-cinq ans, et son caractère plus jeune encore, restée veuve, après quelques mois d'une union mal assortie, devait se remarier. Et, parmi ceux qui sollicitaient sa main, nul ne me paraissait plus digne que vous de l'obtenir.

BONNIÈRES

Ce n'est pas son avis. Je n'ai su lui inspirer qu'une incurable indifférence. Je suis pour elle une chose, un objet usuel et peu fragile, un de ces meubles familiers et solides dont on use sans ménagement. Elle n'a pas compris que je ne demandais qu'à lui donner ma vie, à l'étendre sous ses pieds comme un moelleux tapis pour lui dissimuler les aspérités de la route... Qu'elle en choisisse donc un autre! qui elle voudra, le premier venu (*Avec mépris.*), même Edgard Dupont, si tel est son goût... Mais qu'elle ne prolonge pas cette situation intolérable où sa coquetterie peut seule se complaire, c'est tout ce que je lui demande.

MADAME DE LA NERTHE

Tenez! mon pauvre comte, vous me faites pitié. Je ne sais pas où vous avez étudié le cœur humain, le cœur humain... des femmes; mais ceux — ou celles — qui vous ont donné des leçons, vous ont joliment volé votre argent! Vous n'avez pas compris la situation... Bonnières, connaissez-vous les Invalides?

BONNIÈRES, surpris.

Non.

MADAME DE LA NERTHE

Les Gobelins?

BONNIÈRES

Pas davantage... Mais quel rapport les Gobelins et les Invalides peuvent-ils avoir ?..

MADAME DE LA NERTHE

Peut-être pas même la Sainte-Chapelle ?

BONNIÈRES

Pas même la Sainte-Chapelle.

MADAME DE LA NERTHE

Comme tous les autres! Vous êtes, depuis longtemps déjà, fixé à Paris et vous ne le quitterez plus : aussi ne le visiterez-vous jamais. Pourquoi iriez-vous voir toutes ces curiosités? Elles sont sous votre main; vous avez bien le temps! Vous mourrez en disant cela. Si vous n'étiez venu à Paris que pour une huitaine de jours, vous le connaîtriez à fond... Eh bien! mon cher ami, Marguerite agit avec vous, comme vous avec Paris. Elle vous a sous la main, soumis, patient, résigné, elle pourra vous épouser quand elle le voudra : alors, elle ne vous épouse pas ; c'est tout naturel !

BONNIÈRES

Ah! vous trouvez cela tout naturel?

MADAME DE LA NERTHE

Évidemment! et à sa place, j'aurais sans doute agi comme elle. Marguerite n'est ni meilleure ni pire qu'une autre. Elle ressemble à toutes les femmes. Il n'est pas nécessaire que le fruit soit positivement défendu pour lui plaire; il faut, du moins, qu'il pende aux plus hautes branches et qu'on ait quelque peine à l'atteindre... Vous, mon pauvre Raoul, elle vous trouve, soir et matin, tout servi dans son assiette, tout épluché, tout coupé, tout sucré; il faut être juste, c'est écœurant!.. Quand nous daignons nous occuper de vous, croyez-vous donc que ce soit pour l'agrément qu'on éprouve à vous savourer? C'est pour l'attrait de la cueillette, tout simplement. Supprimez la cueillette... il ne reste pas grand'chose!

BONNIÈRES

Conclusion : j'ai eu le tort d'être trop empressé auprès de madame de Romans, et si elle comptait moins sur ma constance, elle s'empresserait de m'adorer!

MADAME DE LA NERTHE

Conclusion : vous n'entendez rien à ces choses-là; vous gâtez complétement vos affaires, et la maison Bonnières et Cⁱᵉ marche grand train vers la faillite. Il est temps que j'en prenne la direction. Vous vouliez abandonner la partie?

BONNIÈRES

Ma foi!

MADAME DE LA NERTHE

Vous la considérez comme perdue?

BONNIÈRES

Tout à fait.

MADAME DE LA NERTHE

Et moi, je la crois facile à gagner : voulez-vous me passer les cartes?

BONNIÈRES

Oh! volontiers.

MADAME DE LA NERTHE

Mais je jouerai à ma guise et vous me laisserez faire?

BONNIÈRES

Je m'y engage... Croyez-vous vraiment avoir assez d'autorité sur elle?..

MADAME DE LA NERTHE

De l'autorité? Pas beaucoup, bien que j'aie cinq ans de plus qu'elle, et que je sois sa tante à la mode de Bretagne. Mais qui vous parle d'autorité? Chacun a sa manière : ce n'est pas la mienne... *Tout chemin mène à Rome*, dit le proverbe. Possible! mais plus ou moins vite. La grande route que vous suivez vous conduirait peut-être au but. Mais, avant de l'avoir parcourue jusqu'au bout, vous auriez perdu courage... Moi, je sais un petit chemin de traverse... qui vous y mènera rapidement. Pour commencer, mon ami, vous allez faire vos malles et quitter Paris dès demain.

BONNIÈRES

Pour aller?..

MADAME DE LA NERTHE

Où vous voudrez ; mais ne revenez pas avant que je vous rappelle.

BONNIÈRES

Pourquoi ce voyage ?

MADAME DE LA NERTHE

Vous êtes trop curieux. Vous le saurez plus tard. Laissez-vous conduire comme un aveugle.

BONNIÈRES

Soit ! je ferme les yeux et je me livre à vous.

SCÈNE DEUXIÈME

LES MÊMES, DUPONT.

DUPONT, qui a entendu les derniers mots.

« Soit ! je ferme les yeux et je me livre à vous. »
Très-joli, ce vers-là, je ne me le rappelais pas ; est-ce qu'il est dans la pièce ?

MADAME DE LA NERTHE

Nous ne répétons pas encore, monsieur Dupont, nous causons tout simplement.

DUPONT

Vous causez *tout simplement*... en vers ? quel luxe ! Le sujet vous inspirait donc beaucoup ?

MADAME DE LA NERTHE

Prodigieusement : — nous parlions de vous.

DUPONT, modeste.

Oh ! des alexandrins pour moi, c'est peut-être beaucoup... Vous disiez ?

MADAME DE LA NERTHE

Je disais que madame de Romans devrait se remarier ;
monsieur de Bonnières ajoutait que si elle ne veut pas
de lui, elle devrait vous épouser sans plus attendre.

DUPONT

Je vous remercie infiniment... Mais je ne suis pas
pressé, pas pressé du tout. Je suis très-sérieux, moi :
on ne veut pas le croire, il paraît que je n'en ai pas
l'air ; mais, au fond,... très-sérieux ! Je sais ce que je fais,
j'ai mon plan ; je rentrerai dans l'administration ; j'y
rentrerai, marié ; — marié avec madame de Romans, si
l'affaire peut s'arranger, — mais à mon heure. Comme
performance, madame de Romans remplit hermétique-
ment mon programme. De la toilette, du galbe, du...
vous permettez ?..

MADAME DE LA NERTHE

Comment donc !

DUPONT

Du *chien !..* Bonnières peut hausser les épaules : je
maintiens le mot, parce que c'est le vrai ; du chien !
mais du chien... de race ! Or, sans chien, pas de préfète !.. madame de Romans, préfète incomparable ! La
première classe en trois ans !.. Moi, voyez-vous, j'entends faire ma carrière sérieusement. Elle est bien
commencée. En moins de cinq ans, j'ai déjà traversé
quatorze sous-préfectures.

BONNIÈRES

Peste ! Vous avez fait du chemin.

DUPONT

C'est-à-dire que j'ai fait... mon chemin. Sans le 16 Mai, qui m'a révoqué, je serais aujourd'hui préfet.

MADAME DE LA NERTHE

Et pourquoi ce cruel 16 Mai vous a-t-il donc révoqué ?

DUPONT

Vous vous le demandez ? Et moi donc ? On a prétendu que j'étais engagé avec les radicaux, — ce qui était vrai ; et que je ne saurais pas me retourner, — ce qui était absurde. Il m'eût été facile de repousser cette calomnie. Je ne consentis pas à me justifier.

BONNIÈRES

Vous n'étiez pas assez sûr que le 16 Mai réussît ?

DUPONT

Précisément... Très-fort, Bonnières ! Depuis, intéressante victime de la Réaction, j'aurais pu rentrer avec avancement,... je ne l'ai pas voulu. J'attendrai, pour reprendre un poste, que l'horizon soit franchement éclairci. Je suis las de servir, — comme je l'ai fait pendant cinq ans, — les jours pairs un cabinet de droite, les jours impairs un cabinet de gauche ; d'être autoritaire les lundi, mercredi et vendredi ; les mardi, jeudi et samedi, libéral...

MADAME DE LA NERTHE

Le système de la douche écossaise, appliqué à l'administration...

DUPONT

Absolument ! Ab-so-lu-ment ! Figurez-vous... J'allais
à Paris. J'y recevais des instructions formelles : « Vous
ferez élire le comte Paul, vous combattrez le citoyen
Pierre par tous les moyens. — Bien, monsieur le ministre, le comte Paul sera élu ! » J'arrive ; je prends le
comte Paul et je le sers aux populations sur un plateau
d'argent comme la crème des candidats : Un délice !
goûtez-moi ça : vous m'en direz des nouvelles !.. Crac !
on me remet une dépêche : Un vote de la Chambre
vient de renverser le ministère... et mon plateau. Nouvelles instructions, non moins formelles : combattre le
comte Paul par tous les moyens ; faire élire à tout prix
le citoyen Pierre... Je ramasse mon plateau et je fais
une nouvelle tournée pour démontrer aux populations
qu'avec le comte Paul, — que je leur offrais la semaine
précédente, — elles s'empoisonneraient infailliblement...
Eh bien ! vous me croirez si vous voulez, — mais je
vous assure qu'à faire ce métier trop longtemps un
homme public perd un peu de son prestige. Moi, je suis
ambitieux et je veux garder mon prestige. Je suis donc
résolu à me ménager et j'attendrai, dans une retraite,
pleine de dignité, que l'avenir se dessine.

BONNIÈRES

Qu'il se dessine... dans un sens ou dans l'autre ?

DUPONT

Naturellement. Je ne suis pas de ces hommes égoïstes
qui font passer avant tout l'intérêt d'un parti. Je n'ai
pas la prétention d'imposer ma manière de voir à mon
pays. Qu'il m'indique la voie où il veut marcher, je l'y

suivrai... que dis-je ? je l'y précèderai résolûment. Mais piétiner comme je l'ai fait jusqu'ici, — trois pas en avant, trois pas en arrière, — non ; j'en ai assez ! Je vais avoir trente-deux ans, le mois prochain : il est temps que j'aie des convictions.

MADAME DE LA NERTHE

N'importe lesquelles ?

DUPONT

N'importe lesquelles... je vous ai fait ma profession de foi : tout pour le pays, rien pour les partis ! Mais il me faut des convictions !.. Dès que les circonstances me permettront d'en adopter, je rentrerai dans l'administration et je solliciterai la main de madame de Romans, — à moins que Bonnières ne me l'ait soufflée, — ce que je lui pardonnerais d'ailleurs, étant bon diable de ma nature et pas susceptible du tout... Mais nous perdons notre temps à bavarder et nous oublions les affaires sérieuses... Vous avez reçu la photographie que je vous ai envoyée pour votre costume de *la Florentine* ?

MADAME DE LA NERTHE

Oui, je vous en remercie infiniment.

DUPONT

C'est le portrait de Fanny Bert (dans l'intimité *Nichette*), qui a créé le rôle à l'Athénée. Je vous demande pardon de vous l'avoir fait attendre : on ne la trouve pas chez les marchands. Par bonheur, je connais Nichette... je la connais même... assez : j'ai pu le lui demander.

MADAME DE LA NERTHE

Mauvais sujet ! vous avez de jolies connaissances, — et bien habillées surtout !

DUPONT

Vous trouvez son costume déplaisant ?

MADAME DE LA NERTHE

Je le trouve... sommaire. On pourra bien le compléter un peu ?

DUPONT

Gardez-vous en : il a beaucoup de caractère, vous le gâteriez.

MADAME DE LA NERTHE

Je ne puis cependant pas montrer tant... de caractère que cela devant deux ou trois cents lorgnettes !

DUPONT

Pour les pauvres !

MADAME DE LA NERTHE

Oh ! Vous me croyez par trop charitable... Enfin, c'est l'affaire de Black, je lui ai envoyé votre photographie, nous verrons quel parti il en aura tiré.

DUPONT

C'est Black qui fera le costume ? le grand Black, l'illustre tailleur de dames, le couturier de génie ?

MADAME DE LA NERTHE

Naturellement... qui voulez-vous que ce soit ?

DUPONT

Il va être renversant !

(Un domestique présente une carte sur un plateau à Madame de la Nerthe.)

MADAME DE LA NERTHE, lisant, à part.

Black ? Au moment où nous parlons de lui !.. Que me veut-il ? *(Au domestique, haut.)* Faites entrer ce monsieur dans la serre, donnez-lui le *Figaro*, des cigarettes et priez-le de m'excuser : je suis à lui dans un instant. *(A Bonnières.)* Mon cher comte, vous avez quelques préparatifs à faire, je ne vous retiens plus.

DUPONT

Mais notre répétition ?

MADAME DE LA NERTHE

Ajournée ! Monsieur de Bonnières quitte Paris : il faut que nous trouvions à le remplacer.

DUPONT

Ah ! *(Allant à Bonnières et lui serrant la main.)* Bon voyage, cher. Où allez-vous donc ?

BONNIÈRES

Excusez-moi. Je ne puis vous le dire encore.

MADAME DE LA NERTHE, qui reconduit le comte, se retournant vers Dupont.

Il va... à Rome !

BONNIÈRES

Puissiez-vous dire vrai ! *(Il sort.)*

SCÈNE TROISIÈME

MADAME DE LA NERTHE, DUPONT.

MADAME DE LA NERTHE

Et mon poignard? le poignard que je dois porter à la ceinture; l'avez-vous enfin? Vous savez que Black me le réclame tous les jours!

DUPONT, se frappant le front.

Je l'ai encore oublié! Je cours le chercher. Dans un quart d'heure vous l'aurez. (*Il se dirige vers la porte.*)

MADAME DE LA NERTHE

Attendez!.. nous avons un petit compte à régler. Je vous ai réservé dix billets pour la représentation. (*Elle les lui donne.*)

DUPONT, avec une légère grimace.

C'est vingt louis. Les voici... Eh! sans reproche, madame, depuis le temps que vous voulez bien nous associer à votre bonne œuvre, vos *Pupilles de Sainte-Anne* doivent être devenues de petites héritières... (*Regardant ses billets.*) Que vois-je? Vous avez écrit : Monsieur Edgard Dupont, c'est Edgar du Pont, par un grand P; j'ai la faiblesse d'y tenir... Ce n'est pas pour moi, c'est pour la famille... Madame (*Il salue,*) je reviens dans un instant.

MADAME DE LA NERTHE, elle sonne.

Faites entrer monsieur Black. (*A part.*) Inscrivons

notre recette... Monsieur Du Pont, vingt louis... Que je n'oublie pas de l'écrire en deux mots, cette fois !

SCÈNE QUATRIÈME

MADAME DE LA NERTHE, BLACK, puis MADAME DE ROMANS

BLACK

Madame !

MADAME DE LA NERTHE

Bonjour, mon cher Monsieur Black, vous avez eu la bonté de vous déranger pour moi?.. je sais que c'est une rare faveur et j'en suis vraiment fière.

BLACK

Madame, vous le savez, votre galbe m'intéresse. (*Avec un geste de scuplteur.*) Vous avez de belles lignes et vous êtes un des trois ou quatre sujets que j'ai un véritable plaisir à traiter.

MADAME DE LA NERTHE

Très-flattée !.. Que devient mon costume?.. Le poignard sera chez vous dans une heure. Vous avez reçu la photographie ?..

BLACK

Oui, et je vous la rapporte. (*Il la tend à madame de la Nerthe qui la met sur une table.*) Il n'y a rien à y prendre. Mais je ne trouve pas autre chose ! Mon cerveau se fati-

guerait-il ? j'ai beau me recueillir, — c'est en vain.
Hier, ce matin encore, j'ai dirigé ma promenade quotidienne, à cheval, vers les allées les plus solitaires du bois,
poursuivant l'inspiration rebelle... l'inspiration n'est pas
venue !.. Je crus un moment la sentir. Il me sembla
qu'un thème nouveau m'était apparu. Je voulus le déve-
lopper... Ce n'était qu'une réminiscence ! J'allais tout
simplement recommencer la toilette de la princesse de
Santa-Fé au dernier raout de la Présidence.

MADAME DE LA NERTHE

La princesse de Santa-Fé ?.. vous l'habillez encore ?
je croyais que vous aviez rompu avec elle ?

BLACK

En effet, nous avons été brouillés pendant six mois.
Figurez-vous qu'elle se permettait de me corriger, de
retoucher mes productions, de supprimer un bouillonné
ici, d'ajouter un nœud là... Je dus avoir avec elle une
explication sérieuse : « Princesse, lui ai-je dit, je n'accepte pas de collaborateurs ; faites-vous habiller par
une... couturière ! » Mais elle a été si gentille, si chatte
(c'est elle qui m'a fait envoyer cette rosette d'Isabelle la
Catholique) que, ma foi ! je me suis laissé fléchir.

MADAME DE LA NERTHE

Vous êtes grand !.. Mais puis-je vous demander ce qui
me vaut le plaisir de vous voir ?

BLACK

Je suis venu pour vous étudier, tout simplement...
Loin du sujet, la composition est si difficile ! (*La regardant.*) De trois quarts, s'il vous plaît !.. Bien. Faites un

pas !.. Bien... (*Inspiré.*) Ne bougez plus !.. Je crois tenir enfin !..

(Il ferme les yeux dans une attitude méditative, puis la regarde encore, dessinant du doigt ses conceptions... Pendant ce temps madame de Romans entre, madame de la Nerthe la salue de la tête et lui indique en mettant le doigt sur la bouche qu'il ne faut pas troubler Black dans sa méditation.)

BLACK, lentement, de plus en plus inspiré.

Oui, je trouve ! j'ai trouvé ! !.............. Ample traîne de damas cendre de rose, à étincelles vieil or... rajustée sur un des côtés de la jupe par un large nœud en queue de paon nacré d'opale, et traversé du poignard sans gaîne... Tablier brocatelle scarabée... Serpentant autour de la jupe, bouillonné plissé en satin blanc ivoire, avec balayeuse de crêpe lisse givré d'argent... Simple corsage volière, velours bronze Florentin piqueté d'oiseaux-mouches... Échancrure vestale, avec neigeux ruché de tulle poudre de riz, gouttelé de rosée... Écharpe en gaze muse révélatrice... (*Il s'essuie le front.*)

MADAME DE LA NERTHE

Admirable !..

MADAME DE ROMANS

Et si simple surtout !

BLACK

Madame de Romans !.. (*Il la salue.*) Grande conception, n'est-ce pas ?.. Je vous devrai une de mes plus heureuses inspirations ; je ne l'oublierai jamais. Je cours la dicter à mon secrétaire. Ce soir, les études sont terminées ; demain on se met à l'œuvre. (*Il salue et se dirige vers la porte.*)

MADAME DE ROMANS

Encore un mot, Monsieur Black ! On ne vous voit plus. Vous êtes insaisissable. Puisque j'ai la bonne fortune de vous rencontrer, pourrais-je, sans indiscrétion, traiter avec vous une petite question matérielle ?

BLACK, avec condescendance.

Parlez, Madame.

MADAME DE ROMANS

Me sera-t-il permis de vous demander ce que coûtera... à peu près, ma dernière toilette, vous savez : la toilette de concert ?

BLACK

Oh ! je ne suis pas au courant de ces choses-là... Mon chef de comptabilité ne vous l'a-t-il pas dit ?

MADAME DE ROMANS

Il m'avait parlé de cent louis quand la faille et les dentelles devaient m'être fournies. Comme vous vous êtes décidé à employer les guipures et le vieux brocart que j'ai rapportés de Venise, je pensais que peut-être...

BLACK, froissé.

Oh ! Madame !.. Est-ce la matière travaillée ou le génie de l'artiste qui fait la valeur de l'œuvre ? Le sculpteur fait-il payer sa glaise et le peintre sa toile ?.. S'il me plaisait de faire une robe de bal en percaline, aurait-elle donc moins de prix qu'une robe de velours ou de satin ?.. Au surplus, vous traiterez ce détail avec mes bureaux. Moi, j'ai l'horreur des chiffres. (*Il salue froidement et se retire.*)

SCÈNE CINQUIÈME

MADAME DE LA NERTHE, MADAME DE ROMANS.

MADAME DE ROMANS, riant.

Comment le trouves-tu ?

MADAME DE LA NERTHE

Renversant !.. comme dirait Dupont.

MADAME DE ROMANS, ôtant son chapeau.

Mais... on ne répète pas encore ?

MADAME DE LA NERTHE

On ne répète pas aujourd'hui ; Bonnières nous manque.

MADAME DE ROMANS

Il est malade ?

MADAME DE LA NERTHE

Non ; il est obligé de quitter Paris... Il part demain, et m'a priée de l'excuser auprès de toi.

MADAME DE ROMANS

Je l'excuse !.. je l'excuse avec enthousiasme... Je vais donc avoir quelques jours de congé... je vais donc pouvoir aller, venir, rentrer, sortir, recevoir ou fermer ma porte à mon gré ; j'aurai donc le temps d'avoir des désirs !.. Eh bien !.. nous répéterons à son retour.

MADAME DE LA NERTHE

C'est qu'il part... pour longtemps.

MADAME DE ROMANS

Pour longtemps?..

MADAME DE LA NERTHE

Si ce n'est pour toujours !

MADAME DE ROMANS

Brusquement ? Sans m'en dire un mot ? que signifie ?..

MADAME DE LA NERTHE

Je vais te le dire... j'en suis chargée. Assieds-toi là. Tu sais que Raoul de Bonnières et moi, nous avons été élevés ensemble. Il me traite à peu près comme une sœur, et je reçois toutes ses confidences. Jour par jour, depuis deux ans, j'ai suivi les progrès et le déclin de son amour. Je l'ai vu naître, grandir, s'exaspérer jusqu'à la fureur, puis se calmer, puis s'étioler, puis mourir. Ah ! Marguerite, comme il t'aimait... l'année dernière !.. Mais, si passionné qu'il paraisse, Bonnières a un grand fonds de bon sens. Il a compris qu'il te déplaisait...

MADAME DE ROMANS

Je ne lui ai jamais dit qu'il me déplût.

MADAME DE LA NERTHE

Enfin, que tu ne l'épouserais pas, ou que si tu consentais à lui donner jamais ta main, ce serait par pitié, sinon par lassitude et pour te débarrasser de ses obsessions. Il se demanda quel serait l'avenir d'une union contractée sous de pareils auspices. En scrutant le fond de son âme, en analysant sa passion, il crut découvrir

que l'imagination y avait plus de part que le cœur.
« L'imagination, se dit-il, un grand effort de volonté ne
pourrait-il la dominer ? Essayons! » Il essaya... et réussit.
Chaque jour, il se sentait un peu plus fort contre ton
indifférence. Chaque jour, il reprenait possession de lui-
même. Aujourd'hui, c'est un convalescent qui a déjà la
force de s'éloigner. Le changement d'air achèvera sa
guérison... Alors, il se mariera.

MADAME DE ROMANS

Avec la première venue !.. Par dépit ! Un de ces mariages qu'on bâcle en quelques jours pour avoir le plaisir
d'envoyer à *l'autre* un billet de part. Un homme peut-il
être assez fou pour jouer ainsi son avenir, pour se jeter
dans un mariage, comme on se jette à l'eau ? Tu ne lais-
seras pas se consommer ce suicide matrimonial ?

MADAME DE LA NERTHE

Eh ! pourquoi ?.. D'après ce qu'on m'en dit, cette
petite femme lui conviendrait assez.

MADAME DE ROMANS

Quelle femme ? son choix serait-il déjà fait ?..

MADAME DE LA NERTHE

Oui. Il doit épouser la baronne de Perchène, une veuve
de vingt-trois ou vingt-quatre ans, fixée en Touraine,
mais qui l'a rencontré l'année dernière chez les Noirmont et qui l'a trouvé charmant... Il y a près de six
mois qu'on lui en parle. Il y a trois mois qu'il hésite ;
depuis huit jours, il semble décidé.

MADAME DE ROMANS

Jolie ?..

MADAME DE LA NERTHE

Peuh !.. ni bien ni mal.

MADAME DE ROMANS

Tu la connais ?

MADAME DE LA NERTHE

Oh ! de réputation seulement... (*A part.*) Quelle idée !
La photographie de Fanny Bert !.. (*Elle va la prendre
sur la table. — Haut.*) et par son portrait que Raoul
m'a donné... Si cela t'intéresse ?

MADAME DE ROMANS

Oh ! fort peu... (*Elle prend la photographie.*) C'est là
cette petite baronne ?

MADAME DE LA NERTHE

Oui...

MADAME DE ROMANS

Que tu trouves « ni bien ni mal » ?

MADAME DE LA NERTHE

Tu la trouves jolie, toi ?

MADAME DE ROMANS, lui montrant le portrait.

Mais regarde-la donc !

MADAME DE LA NERTHE

Eh ! bien, oui, je la regarde... il me semble qu'elle a
un grand nez.

MADAME DE ROMANS

C'est vrai, — énorme !.. une grande bouche aussi. Et
de grands yeux durs. Elle doit avoir un joli caractère,

cette femme-là... Et cette toilette ? qu'est-ce que c'est
que cette toilette, grand Dieu !

MADAME DE LA NERTHE

Oh ! c'est une toilette de bal costumé... Elle n'est pas
habillée de la sorte tous les jours.

MADAME DE ROMANS

Je le pense !.. mais une femme qui porte ainsi le deuil
de son premier mari promet énormément pour le second...
Puisque tu aimes le comte, empêche-le de faire cette
sottise. (*Elle jette la photographie sur la table.*)

MADAME DE LA NERTHE

Son parti me semble bien arrêté.

MADAME DE ROMANS

Mais il y a quelques jours, ma chère, il jouait encore
auprès de moi la passion impatiente et jalouse... Il me
faisait des scènes... Voilà les hommes.

MADAME DE LA NERTHE, avec un dégoût affecté.

Ah !

MADAME DE ROMANS

Et celui-là passait pour un des meilleurs ; cela donne
une excellente idée des autres. J'avais pourtant la naïveté
de croire à ce grand amour. Ses promesses, ses serments,
ses poses mélancoliques, je prenais tout au sérieux :
c'était une comédie ! Monsieur de Bonnières s'amusait ;
Monsieur de Bonnières occupait ses soirées... ou peut-
être pis encore ; Monsieur de Bonnières cherchait à faire
une opération... Elle est riche ?

MADAME DE LA NERTHE

J'ai entendu parler d'un million pour le présent et d'un avenir assez brillant.

MADAME DE ROMANS

Voilà ! C'est encore plus vulgaire que je ne le pensais... Il a trouvé une opération plus avantageuse : quand elle a été conclue, pas avant, il a abandonné la première.

MADAME DE LA NERTHE

Mais, ma chère enfant, puisque tu ne pouvais te décider à l'épouser, il a eu raison de se tourner d'un autre côté.

MADAME DE ROMANS

Oui, certes, il a eu raison. Ce que je lui reproche, c'est de ne l'avoir pas fait plus tôt; c'est de s'être moqué de moi, de m'avoir jouée... Non, ne le défends pas. Tu vois bien qu'il comprend lui-même ses torts à mon égard, puisqu'il se sauve sans oser prendre congé de moi, sans me laisser seulement une carte d'adieu... Être traitée de la sorte !...

MADAME DE LA NERTHE, lui prenant les mains.

Ma petite Marguerite, si tu m'avais écoutée, si tu t'étais remariée, comme je te le conseille depuis trois ans, tout cela n'arriverait pas.

MADAME DE ROMANS

Tu as raison. Il faut que je me marie, je le comprends enfin... Je me marierai... J'épouserai... j'épouserai Edgard Dupont.

MADAME DE LA NERTHE

Va pour Edgard Dupont! Une grande fortune, une terre magnifique dans le Gard, de l'esprit, et de l'ambition. Il sera bientôt préfet, pour commencer. Tu aimes le mouvement, tu ne peux rester trois mois de suite au même endroit: les préfectures, c'est ton affaire.

MADAME DE ROMANS

Tout à fait.

MADAME DE LA NERTHE

Il n'y a que le nom qui est ennuyeux... Je sais bien que c'est du Pont, par un grand P... Il y tient beaucoup à son grand P. On ne peut pourtant pas se faire annoncer « *Monsieur et Madame du Pont par un grand P.* »

MADAME DE ROMANS

Il prendra le nom de sa terre.

MADAME DE LA NERTHE

Difficile! Sa terre s'appelle La Potinière.

MADAME DE ROMANS

Eh bien! le nom de son département, comme font les hommes politiques. Il y a déjà eu un Dupont (de l'Eure).

MADAME DE LA NERTHE

Monsieur et madame du Pont (du Gard)?.. Ce serait charmant !

MADAME DE ROMANS

Eh bien! je lui ferai acheter un titre étranger... mais c'est une misère, cela ; nous réglerons ce détail plus tard.

MADAME DE LA NERTHE

Tu es donc décidée?

MADAME DE ROMANS

Tout à fait... et j'entends que l'affaire soit vite conclue.

MADAME DE LA NERTHE

Aussi vite qu'il te plaira... Edgard Dupont va revenir, veux-tu lui apprendre toi-même son bonheur?

MADAME DE ROMANS

Non... je te laisse ce soin, je vais dans ta chambre; j'y trouverai du papier à lettres?

MADAME DE LA NERTHE

A qui veux-tu écrire?

MADAME DE ROMANS

A monsieur de Bonnières... Il est trois heures et demie; on est sûr de le trouver à son cercle, à deux pas d'ici; un de tes domestiques y portera ma lettre.

MADAME DE LA NERTHE

Que vas-tu donc lui dire?

MADAME DE ROMANS

Que je l'attends chez toi, voulant lui souhaiter un bon voyage... Ah! il croyait pouvoir se sauver ainsi... lâchement? Non! je tiens à lui annoncer moi-même mon mariage et surtout à le féliciter du sien... Les hommes sont tellemeut fats qu'il pourrait s'imaginer que sa résolution m'est pénible et que son départ me trouble !.. je veux qu'il sache à quoi s'en tenir. (*Un coup de timbre.*)

MADAME DE LA NERTHE

On sonne ? C'est Dupont. Sauve-toi. (*Elle la conduit à la porte de droite qu'elle ferme sur elle ; puis comme lui parlant à travers la porte.*) Tu serais cependant capable d'épouser cet olibrius, si on te laissait faire !.. *Un de ces mariages qu'on bâcle en quelques jours, pour avoir le plaisir d'envoyer à l'autre un billet de part. Une femme peut-elle être assez folle pour jouer ainsi son avenir, pour se jeter dans un mariage comme on se jette à l'eau ?..*

SCÈNE SIXIÈME

MADAME DE LA NERTHE, DUPONT.

DUPONT, il tient à la main un petit paquet enveloppé d'une faveur bleue ; il défait le paquet, et jette la faveur bleue sur la table.

Voilà, Madame, le poignard demandé. C'est un souvenir de Djemil-Bey. Il est très-pur, comme vous voyez ; et il a une légende des plus distinguées : on dit qu'il a déjà tué trois femmes. La première...

MADAME DE LA NERTHE

Il s'agit bien de cela !.. Monsieur Dupont, j'ai une communication grave à vous faire.

DUPONT

A moi !

MADAME DE LA NERTHE

A vous... On m'avait recommandé d'user de précautions oratoires, de réticences... Mais vous êtes un homme sérieux ; j'irai droit au fait : madame de Romans se décide à vous donner sa main.

DUPONT

Elle se décide ainsi... subitement? j'ai passé la soirée avec elle hier, elle ne paraissait guère y songer... Et tout à coup!.. c'est renversant! Mon Dieu, si cela s'était passé quand nous nous sommes rencontrés pour la première fois, j'aurais compris à la rigueur... Le coup de foudre : cela arrive! Mais il y a trois ans que nous nous connaissons... On a bien raison de dire que le cœur de la femme est insondable... Je m'explique maintenant le départ de Bonnières... Cela me fait vraiment de la peine pour lui... Le voilà justement, ce cher ami.

SCÈNE SEPTIÈME

MADAME DE LA NERTHE, DUPONT, BONNIÈRES.

BONNIÈRES, à part, à madame de la Nerthe qui s'est approchée de lui.

Eh bien ! votre heureuse influence se fait déjà sentir ?

MADAME DE LA NERTHE

Monsieur Dupont... faites-moi donc le plaisir d'aller compter combien les deux salons peuvent contenir de spectateurs.

DUPONT

Parfaitement, Madame... et combien de temps devrai-je mettre à faire ce compte ?

MADAME DE LA NERTHE, souriant.

Une dizaine de minutes.

DUPONT, sortant, à part.

Elle veut le consoler... Le pauvre garçon!

SCÈNE HUITIÈME

MADAME DE LA NERTHE, BONNIÈRES.

BONNIÈRES

Elle m'a écrit.

MADAME DE LA NERTHE

Je le sais.

BONNIÈRES

Que veut-elle me dire?

MADAME DE LA NERTHE

Qu'elle est décidée à se marier.

BONNIÈRES, ravi.

Est-ce possible!

MADAME DE LA NERTHE

Qu'elle a fait son choix.

BONNIÈRES

Que dites-vous!

MADAME DE LA NERTHE

Et qu'elle épouse Edgard Dupont.

BONNIÈRES

Edgard Dupont!.. ne vous moquez pas de moi... ce n'est pas sérieux !

MADAME DE LA NERTHE

Tout ce qu'il y a de plus sérieux.

BONNIÈRES

Madame de Romans épouser un... Dupont!.. Vous le comprendriez?..

MADAME DE LA NERTHE

Que voulez-vous?..

BONNIÈRES

Ce matin encore, vous me garantissiez le succès.

MADAME DE LA NERTHE

J'avais trop présumé de mes forces.

BONNIÈRES

Mais ce chemin de traverse qui devait me conduire infailliblement au but?

MADAME DE LA NERTHE

Barré, mon ami : nous sommes arrivés trop tard.

BONNIÈRES

Écoutez, Laure, je vous parlerai franchement. Il y a une chose qui m'étonne presque autant que la résolution de madame de Romans, c'est le calme avec lequel vous me l'annoncez... Vous n'êtes pas stupéfaite?.. vous n'êtes pas indignée?

MADAME DE LA NERTHE

Eh si! mon ami, je suis stupéfaite, je suis indignée; mais c'est précisément l'indignation et la stupéfaction qui me rendent calme. Voyant comment Marguerite vous traite, je me félicite, avant tout, que vous ne l'ayez pas épousée. Aurait-elle pu vous rendre heureux? La Providence, croyez-le, sait ce qu'elle fait... Aussi, en vous infligeant cette déception, vous a-t-elle réservé la plus charmante consolation!..

BONNIÈRES

Que voulez-vous dire?

MADAME DE LA NERTHE

Que je tiens enfin votre bonheur!.. Une perle, Raoul!.. Tout, tout, tout réuni, sous les traits ravissants de la baronne de Perchène, une petite veuve de vingt-quatre ans, qui vous a vu, l'année dernière, chez les Noirmont... et qui ne l'a pas oublié.

BONNIÈRES

Parlez-vous sérieusement!

MADAME DE LA NERTHE

Ai-je l'air de plaisanter?.. Ce mariage vous offrirait...

BONNIÈRES

Non, je vous en prie, n'insistez pas...

MADAME DE LA NERTHE

Vous avez tort, mon ami, vous manquez votre bonheur... mais c'est votre affaire!

BONNIÈRES

Eh ! qu'est-ce donc que cette femme venue au monde avec la mission spéciale de me rendre heureux, dont j'entends parler pour la première fois, dont vous-même ne m'aviez jamais dit le nom ?

MADAME DE LA NERTHE

Il y a six mois que ce nom me brûle les lèvres !.. mais vous paraissiez si occupé de Marguerite !.. J'attendais le moment favorable... Je croyais, d'ailleurs, avoir du temps devant moi. J'ai appris, ce matin, qu'il fallait se hâter... Quand vous êtes sorti d'ici, vous avez bien vu ce monsieur à grands favoris qui m'attendait dans la serre ?..

BONNIÈRES

En fumant des cigarettes ?

MADAME DE LA NERTHE

Précisément !.. C'est un vieil ami de mon mari avec lequel j'avais depuis longtemps caressé ce projet... Un oncle de madame de Perchène... venu à Paris tout exprès pour me dire qu'on se trouve en présence de nombreuses demandes et qu'avant de prendre un parti on tient à connaître votre réponse.

BONNIÈRES

Ma réponse, la voici : toutes les femmes se valent ; la meilleure ne vaut guère...

MADAME DE LA NERTHE

Merci, vous êtes charmant.

BONNIÈRES

Et je ne me marierai jamais.

MADAME DE LA NERTHE

Libre à vous... je le regrette!.. J'aurais été heureuse de montrer à madame de Romans... Mais puisque vous êtes décidé, n'en parlons plus.

BONNIÈRES

Que vouliez-vous montrer à madame de Romans ?

MADAME DE LA NERTHE

Qu'il y a d'autres femmes qu'elle au monde! qu'il y en a une, au moins, plus jolie, plus riche, plus recherchée qu'elle, et qui savait mieux vous apprécier... Je lui en veux, je vous l'avoue, de la façon dont elle vous traite, et je savourais déjà cette petite vengeance... Mais devant votre ferme résolution...

BONNIÈRES

La belle vengeance! Elle se soucie bien de ce que je puis devenir !

MADAME DE LA NERTHE

Ta! ta! ta! ta! Une femme se soucie toujours de ce que devient l'homme qui l'a aimée... Madame de Romans vous refuse sa main... mais elle prétend vous laisser des regrets éternels. Madame de Romans vous congédie; mais elle entend que vous soyez inconsolable... Puisque vous tenez à lui laisser croire que vous l'êtes, en effet...

BONNIÈRES

Non, certes ! Et si je pensais lui rendre un peu du mal qu'elle m'a fait ?..

MADAME DE LA NERTHE

Il ne s'agirait pas, vous le comprenez bien, de vous décider sur l'heure. On gagnerait du temps !.. Je vous demande seulement d'examiner ma proposition et surtout de me laisser dire à Marguerite que vous l'acceptez... Vous réfléchirez ensuite !

BONNIÈRES

Eh bien ! soit ! Dites-lui ce que vous voudrez, — et vengez-nous, si vous le pouvez !

MADAME DE LA NERTHE

A la bonne heure. Vous voilà raisonnable. Je savais bien que vous en viendriez là... Aussi — vous l'avouerai-je ? — pressentant cette sage résolution, j'avais pris sur moi d'en informer Marguerite.

BONNIÈRES

Ah ! vous m'aviez marié, — d'office ?

MADAME DE LA NERTHE

Dame ! vous comprenez, c'était pour moi une question personnelle : vous étiez mon client ; rompre avec vous, c'était à peu près rompre avec moi : j'ai voulu prendre les devants ; et quand j'ai compris qu'elle allait m'annoncer son mariage avec Edgard Dupont, ma foi ! je lui ai bravement signifié votre mariage avec madame de Perchène.

10

BONNIÈRES, vivement.

Comment a-t-elle reçu la nouvelle ?

MADAME DE LA NERTHE

Avec un dépit mal dissimulé. Elle cherche à faire bonne contenance : au fond, elle est furieuse. Vous allez en juger, d'ailleurs ; elle veut vous voir et je vais la chercher. (*Elle sort.*)

SCÈNE NEUVIÈME

BONNIÈRES, puis DUPONT.

BONNIÈRES

Elle veut me voir !.. Elle vient au-devant d'une explication ! Les femmes ont une audace !..

DUPONT, entrant.

De deux cent quatre-vingts à trois cents places, facilement... Tiens ! madame de la Nerthe est sortie ?

BONNIÈRES

Elle revient à l'instant.

DUPONT

Eh bien ! mon cher comte, puisque je vous trouve seul, laissez-moi vous dire combien je suis désolé de ce qui se passe... mais, parole d'honneur ! ce n'est pas de ma faute... madame de Romans cède à un élan spontané de son cœur. Je n'ai rien fait pour le provoquer... Au contraire, je ne demandais qu'à attendre...

SCÈNE DIXIÈME

MADAME DE LA NERTHE, MADAME DE ROMANS, DUPONT, BONNIÈRES.

(*Madame de la Nerthe et madame de Romans entrent en chuchotant.*)

DUPONT, *s'avançant d'un air gracieux vers madame de Romans.*

Madame de la Nerthe m'a fait tout à l'heure une bien douce...

MADAME DE ROMANS

Oui, oui, dans un moment... j'ai deux mots à dire à monsieur de Bonnières. Vous permettez?

DUPONT

En voilà un accueil!.. C'est renversant! L'émotion, sans doute!..

MADAME DE LA NERTHE

Monsieur Dupont, venez donc voir avec moi où l'on pourrait installer le buffet.

DUPONT

Comment! il faut encore s'en aller?.. Savez-vous que si j'étais susceptible?.. (*Ils sortent.*)

SCÈNE ONZIÈME

MADAME DE ROMANS, BONNIÈRES.

MADAME DE ROMANS

Monsieur de Bonnières, j'ai des reproches à vous faire... Est-ce ainsi qu'on traite ses amis?

BONNIÈRES

Que voulez-vous dire, Madame ?

MADAME DE ROMANS

Vous quittez Paris, vous songez à vous marier, et ce n'est pas de votre bouche que je l'apprends ? Vous comptiez partir sans venir chercher mes félicitations ?

BONNIÈRES

N'en croyez rien ; je tenais trop à vous apporter les miennes... J'ai pu apprécier par moi-même monsieur Edgard Dupont... Un grand cœur, un noble caractère !

MADAME DE ROMANS

En effet... on dit que madame de Perchène est charmante et d'une rare distinction...

BONNIÈRES

On dit la vérité... Monsieur Edgard Dupont a la ferme intention de parvenir. Son esprit... conciliant saura se plier aux exigences diverses de cette époque troublée. Vous partagez sa généreuse ambition : je suivrai de loin votre fortune.

MADAME DE ROMANS

Madame de Perchène est, paraît-il, fort riche. Vous recherchiez par-dessus tout l'opulence. Vous l'avez rencontrée : je vous en félicite.

BONNIÈRES

Vous êtes dure, Madame.

MADAME DE ROMANS

N'aurais-je pas le droit de l'être davantage ?

BONNIÈRES

Qu'ai-je donc fait dont vous puissiez vous plaindre ?

MADAME DE ROMANS

Ce que vous avez fait ?.. Oh ! rien... Pour les hommes, je le sais, c'est à peine une peccadille, et leur conscience en porte légèrement le souvenir. On rencontre sur sa route une femme dont le cœur et la main sont libres, on lui fait la cour : quoi de plus simple ? On lui prodigue les serments hypocrites, les protestations mensongères : cela tire-t-il à conséquence ? Puis, comme elle ne se jette pas tout de suite à votre cou, on se lasse ; une autre femme vient à passer : on la regarde ; elle est jolie : on la suit ; elle est riche : on l'épouse...

BONNIÈRES

Madame !

MADAME DE ROMANS

Sans plus se soucier de la première, du mal qu'on a pu lui causer, de l'avenir qu'on lui prépare... Ce que vous avez fait ?.. Vous m'avez trompée, — tout simplement. Une femme trompée de plus, le grand malheur, en vérité ! Vous avez raison, je n'ai pas le droit de me plaindre et vous ne méritez aucun reproche.

BONNIÈRES

Éternelle tactique des femmes !.. Quand elles ne savent comment se défendre, elles attaquent. Le mal que j'aurais pu vous faire, en cessant de vous aimer, serait tout au plus une blessure d'amour-propre. De pareilles plaies se ferment vite et je ne crains nullement d'avoir assombri votre avenir... Mais le mien, Madame,

10.

y songez-vous ? A votre légende me serait-il permis
d'en opposer une autre ?.. On rencontre sur sa route un
homme au cœur confiant, crédule, qui n'a quitté sa province et le vieux manoir paternel que pour son régiment, à qui le monde est peu familier, qui n'est guère
préparé à ce nouveau champ de bataille et qui, du premier coup, se livre naïvement. On ne dédaigne pas
d'atteler à son char ce fauve apprivoisé, soumis comme
un agneau, se laissant cravacher sans un murmure.
Pour le retenir à la chaîne, cependant, on croit utile de
lui jeter, parfois, une parole affectueuse, un vague
encouragement, une promesse voilée. Sans défense
contre ce manége savant d'une coquetterie raffinée, il
se donne tout entier, il aliène sa vie, sacrifie une carrière... qu'il avait rêvée brillante ! Puis, comme le rôle
pénible auquel on le réduit se prolonge, il ose se plaindre, il devient maussade, importun, que dis-je ?
ennuyeux ! Alors, on le salue légèrement, comme un
danseur avec lequel on vient de faire un tour de valse,
et l'on s'éloigne souriante, au bras d'un autre, balayant
du bout de sa traîne et les rêves d'amour et les rêves
de gloire... Oh ! c'est là une histoire banale, vieille
comme le monde, et il faut être aussi peu Parisien que
moi pour y trouver seulement un motif d'élégie.

MADAME DE ROMANS

Vieille histoire, en effet, mais qu'on sait rajeunir !
Vous avez une façon de poétiser les choses !.. Permettez
que je les ramène à la vulgaire réalité... les rêves
d'amour, ce me semble, avaient bien su se dissiper
d'eux-mêmes, et quand je me suis éloignée au bras d'un

utre, comme vous dites élégamment, il y avait longtemps qu'ils s'étaient envolés...

BONNIÈRES

Vous savez bien...

MADAME DE ROMANS

Quant aux rêves de gloire... j'en suis moins responsable encore. S'il y a six mois, on vous fit un passe-droit
auquel votre dignité ne put souscrire; si vous avez cru
devoir y répondre par votre démission, est-ce ma faute,
à vérité ?

BONNIÈRES

Eh ! c'était un prétexte !.. Je vous avais trompée. La
vérité, c'est que je donnai ma démission parce que mon
régiment quittait Paris et que j'étais assez lâche pour
ne pouvoir me résoudre à rester un jour sans vous voir.

MADAME DE ROMANS

Vous m'aviez fait un tel sacrifice... et vous vous en
cachiez ?

BONNIÈRES

Sans doute ! En vous le disant, j'aurais eu l'air de
vouloir acheter votre consentement au prix de mes
épaulettes perdues et de mon avenir brisé. Il m'eût
semblé que je cherchais à violenter votre affection. Je
la voulais pure, libre, spontanée, sans le moindre alliage
de compassion ni même de reconnaissance.

MADAME DE ROMANS, émue.

Vous êtes un galant homme, Monsieur de Bonnières,
et je regrette les paroles amères qui me sont échappées

tout à l'heure. Quittons-nous... (*Avec hésitation.*) puis-qu'il le faut; mais n'emportez pas de moi une aussi mauvaise opinion... Oui, je l'avoue, j'ai eu des torts, j'ai agi envers vous comme une enfant gâtée que je suis, que j'ai toujours été; j'ai lassé votre patience... Mais jamais je ne fis le calcul odieux que vous m'attribuez. Non, je n'avais pas accepté votre amour pour m'en orner aux yeux du monde et le rejeter ensuite comme un bijou passé de mode : j'en appréciais la valeur, et loin de vous, loin de tous, je m'en parais avec joie... Mais je craignais que la tiède atmosphère du foyer conjugal en ternît l'éclat, et j'ajournais l'épreuve. L'avenir vaudrait-il le présent? Dans le doute, je prenais plaisir à faire durer le présent? Vous m'aviez mise comme une idole dans une niche d'or, remplie de fleurs, vers laquelle montait sans cesse un nuage d'encens... je m'y trouvais bien et j'hésitais à en descendre... Était-ce égoïsme? peut-être; coquetterie? sans doute; c'était folie assurément : je le vois aujourd'hui.

BONNIÈRES

Quoi! j'avais su inspirer de tels sentiments et vous ne m'en laissiez rien deviner!.. Il eût fallu si peu de chose pour me rendre heureux!.. Que ne disiez-vous un mot, un seul mot!

MADAME DE LA NERTHE, passant la tête, sans entrer, à part.

Le voyage est encore plus rapide que je ne le pensais : ils ont pris le train express!

MADAME DE ROMANS

Est-ce qu'on peut dire *un mot, un seul mot?..* Quand

ce chapitre est entamé, on arrive bien vite à la fin...
Mais à quoi bon remuer ce passé?..

BONNIÈRES

Est-ce donc décidément le passé pour vous, Marguerite?

MADAME DE ROMANS, souriant.

Ce passé qui nous fait oublier le présent... Vous voyez :
vous m'appelez Marguerite? Si madame de Perchène
vous entendait?

BONNIÈRES

Eh! je me soucie bien de madame de Perchène!

MADAME DE ROMANS

Vrai! eh bien! tant mieux... Cette femme-là, croyez-
le, ne vous convenait guère.

BONNIÈRES

Ne trouvez-vous pas qu'elle conviendrait bien mieux
à votre Dupont?..

MADAME DE ROMANS

Mon Dupont!.. vous avez pu croire? Ce pauvre
Dupont!

SCÈNE DOUZIÈME

LES MÊMES, MADAME DE LA NERTHE, puis DUPONT.

MADAME DE LA NERTHE, entrant.

Tu demandes Dupont? Tu veux l'admettre à commencer sa cour?

MADAME DE ROMANS, souriant.

Non, je ne suis pas encore décidée...

MADAME DE LA NERTHE

Vraiment! qu'est-il donc arrivé?..

MADAME DE ROMANS

Ce que tu désires surtout, c'est que je me marie !

MADAME DE LA NERTHE

Oui. ·

MADAME DE ROMANS

Si j'en épousais un autre, cela ne te ferait rien ?

MADAME DE LA NERTHE

A moi? rien du tout. Je tiens au principe : l'applica-
tion, c'est ton affaire.

DUPONT, à la porte.

Il n'y a pas à hésiter: il faut le mettre dans la salle à
manger, devant les fenêtres.

MADAME DE LA NERTHE, allant à lui.

Il s'agit bien de cela! Monsieur Dupont, j'ai une communication grave à vous faire.

DUPONT, surpris.

Mais vous me l'avez déjà faite !

MADAME DE LA NERTHE

Non, une autre, toute différente, hélas! Pardonnez-
moi, j'ai agi légèrement, j'ai parlé trop tôt. Je croyais
madame de Romans bien résolue à vous donner sa

main : elle hésitait encore... et je crois que c'est décidément monsieur de Bonnières qu'elle épouse.

DUPONT

Encore un changement de cabinet?.. Hier, elle ne songeait pas à moi; — à deux heures, elle se jette à mon cou; — ce soir, elle me met à la porte... Je repasserai demain matin !.. C'est étonnant comme cette femme-là me rappelle mon gouvernement !.. Quand je pense que Bonnières lui reproche d'être entêtée !..

MADAME DE LA NERTHE

Je suis désolée d'avoir été la cause involontaire...

DUPONT

Oh! il n'y a pas de quoi... Mais pour une aventure, c'est une aventure! Je n'en ai pas encore eu de pareille, dans ma carrière. Être révoqué sans avoir pris possession de mon poste !.. Que pensera-t-on ?

MADAME DE ROMANS, qui s'est rapprochée sur ces derniers mots.

Dites que vous avez été mis « *en disponibilité, sur votre demande* ». Je vous y autorise parfaitement.

DUPONT

Oh! Madame — jamais! Si je pouvais dire seulement : « *appelé à d'autres fonctions* » ?

MADAME DE ROMANS

Eh! pourquoi non ?.. (*Le prenant à part.*) Madame de la Nerthe connaît précisément une petite veuve qui vous conviendrait. . beaucoup mieux que moi. De l'esprit, une tenue irréprochable, des principes sévères sans austérité, un caractère... angélique... Laure en répond comme d'elle-même.

DUPONT

Pour cela, je l'en dispense. Les certificats en pareille matière, j'y crois peu. C'est une affaire de veine. J'ai mes idées là-dessus : je considère le mariage comme un grand sac où il y a quatre-vingt-dix-neuf vipères et une anguille. Pour mettre la main sur l'anguille... dame ! il faut de la chance, beaucoup de chance... Moi, j'en ai toujours eu !.. Quel est l'âge de ?..

MADAME DE ROMANS

De... mon anguille? Vingt-quatre ans.

DUPONT

Rien à dire. Fortune ?

MADAME DE ROMANS

Un million.

DUPONT

Bien. Situation de famille ?

MADAME DE ROMANS

Excellente. Des relations dans tous les partis.

DUPONT

Très-bien. Opinions politiques ?

MADAME DE ROMANS

Les vôtres.

DUPONT

Cela me suffit !.. Physique ?

MADAME DE ROMANS

Vous tenez au physique ?

DUPONT

Oh! pour moi, je suis au-dessus de ces choses-là ;
mais vous savez, dans ma carrière...

MADAME DE ROMANS, prenant sur la table la photographie de
Fanny Bert, et la lui montrant.

Tenez... jugez-en. . voilà son portrait.

DUPONT, la lui rendant.

Pardon, Madame, vous vous êtes trompée... ce n'est
pas celui-là...

MADAME DE ROMANS, la regardant.

Mais si... qu'avez-vous à dire ?

DUPONT, éclatant de rire.

Oh !.. renversant ! Vous voulez me faire épouser
Nichette?.. Vous savez : je n'aurais besoin de personne
pour ça !

MADAME DE ROMANS

Nichette !

DUPONT

Ou Fanny Bert, si vous aimez mieux.

MADAME DE ROMANS, à madame de la Nerthe.

Que dit-il?

MADAME DE LA NERTHE

La vérité.

MADAME DE ROMANS

Ce portrait n'est pas celui de la baronne de Perchène ?

MADAME DE LA NERTHE, courbant la tête.

Grâce !.. grâce !.. pardonne-moi. La baronne de Perchène n'a jamais existé. La baronne de Perchène...
n'était qu'une hypothèse.

MADAME DE ROMANS

Est-ce possible ?.. Quel rôle ridicule m'as-tu fait
jouer ?

BONNIÈRES, riant.

Et à moi !

DUPONT

Et à moi, donc !.. Si j'étais susceptible ?..

MADAME DE ROMANS

Je ne sais vraiment comment je dois prendre la
chose.

MADAME DE LA NERTHE

Eh ! prends-la comme tu voudras. Tu as donné ta
parole au comte : tu ne peux plus t'en dédire.

DUPONT, à part.

Pourquoi pas ? Il y a déjà dix minutes que le cabinet
Bonnières est aux affaires ; c'est peut-être le tour du
cabinet Dupont ?

MADAME DE ROMANS

M'expliqueras-tu, du moins, dans quel but tu avais combiné cette savante intrigue et mis en scène cet imbroglio compliqué ?

MADAME DE LA NERTHE

Dans quel but ?.. Mais dans le but... que j'ai atteint... Tu ne te décidais pas à épouser Raoul ; et Raoul, rebuté par ton apparente indifférence, était sur le point de perdre courage. Cette sorte d'engagement tacite, de lien moral, qui vous unissait depuis deux ans, ne se resserrant pas, menaçait de se dénouer... Tiens ! je vais me faire mieux comprendre (*Elle prend sur la table la faveur bleue qui enveloppait le poignard.*) Vous ressembliez à ces deux bouts de faveur bleue... Ils s'enlacent mollement ; un souffle les séparerait... Je tire chacun d'eux en sens contraire, — Raoul à gauche, — Marguerite à droite, — et le nœud est fait.

DUPONT

Très-jolie, Madame, votre expérience de physique sentimentale... Vous l'appelez ?

MADAME DE LA NERTHE

Je l'appelle : *Tout chemin mène à Rome.*

Rideau.

LA MOUCHE

Monologue, en vers,

Par M. Émile GUIARD.

———

A mon ami C. COQUELIN,

Souvenir affectueux et reconnaissant.

Emile GUIARD.

LA MOUCHE

Manqué ! — Mon mariage est manqué ! Mes corvées
A midi ce matin devaient être achevées ;
Je touchais au bonheur. — A midi ce matin
Je devais prendre femme ; et mon mauvais destin
A voulu que, d'un seul revers de main, je fisse
Devant monsieur le maire écrouler l'édifice.
— Mes témoins ont eu beau proclamer en sortant
Que le meilleur était d'en rire, moi pourtant
Je ne peux pas trouver l'aventure plaisante.
— J'avais pendant six mois fait une cour pressante,
Et, pendant ces six mois, mis mon habileté
A ne me faire voir que de mon beau côté ;
J'avais dissimulé mes goûts, mon caractère ;
Je plaisais. — J'arrivais au Paradis sur terre,
Le bonheur en ménage ; une femme en tout point
Parfaite ; de la grâce, un aimable embonpoint,
Une femme de choix, simple s'il en est une ;
Je l'aimais ; elle avait une grosse fortune :
C'était un excellent mariage d'amour.
— Eh bien ! en un instant, après six mois de cour,
Tout s'écroule, et l'auteur du désastre... une mouche !

Mais morbleu ! si jamais une seule me touche,
Je réponds !..

Ce matin, en habit de gala,
J'arrive à la mairie ; une mouche était là !
Cette mouche m'avise, et brusquement s'élance
Dans mon cou. — Sans répondre à cette violence,
Sans voir là de projets hostiles de sa part,
Je veux complaisamment seconder son départ,
Je fais un mouvement d'épaule. — Elle en profite
Pour venir sur mon nez s'installer au plus vite.
— Je me contiens d'abord, persuadé qu'au moins
Elle ira par instants s'attaquer aux témoins.
Point du tout ! C'était moi le héros de la fête,
C'est à moi qu'elle veut faire perdre la tête.
Vingt fois elle m'attaque et, reprenant son vol,
Nargue mes pieds pesants qui me tiennent au sol.
Rien ne peut m'affranchir de son joug despotique ;
Elle semble vouloir s'enfuir ; — pure tactique,
Simple ruse de mouche ; — elle revient d'un bond ;
Et, tandis qu'au milieu d'un silence profond
Le maire prononçait les paroles d'usage,
Elle fait à pas lents le tour de mon visage.
C'en est trop ! La fureur m'aveugle, je suis pris
De vertige, il me faut ma vengeance à tout prix,
Et ma main, que dans l'air je lance à l'aventure
Pour attraper la mouche, attrape ma future !
Le beau-père sur moi s'élance, hors de lui.
« Une mouche, lui dis-je, une mouche »… Ah ! bien, oui !
L'impétueux vieillard, d'une voix énergique :
« Battre ma fille ! » Il prend l'aventure au tragique ;
Tout autre qu'un beau-père en aurait plutôt ri :
Cinq minutes de plus, et j'étais son mari ;
Si j'avais dû la battre un jour, en conscience,
Cinq minutes encor j'aurais pris patience.

Point de raisonnements ! Il m'appréhende au corps,
Mê fait faire deux tours, et me voilà dehors.
Manqué !

   Dans mon malheur ce qui surtout m'enrage,
C'est l'écueil contre quoi je viens faire naufrage,
C'est cet immense effet et ce chétif ressort :
Une mouche se fait l'arbitre de mon sort !
— Et nous faisons la guerre aux panthères farouches,
Aux tigres, aux lions... et non la guerre aux mouches !
Voilà nos ennemis véritables ! — Pourquoi
En cherche-t-on si loin quand on en a chez soi ?
Les tigres, les lions, dont on poursuit la race,
Ça vit dans le désert, ça se tient à sa place.
Les mouches sont chez nous, dans nos appartements,
Le jour, la nuit, au lit, à table, à tous moments,
S'introduisent partout, se croient partout chez elles,
Sous prétexte que Dieu leur a donné des ailes !

Hein ! Quoi ! n'entends-je pas bourdonner !.. Dieu clément !
C'est ma mouche, c'est elle !..

   Ah ! que péniblement
Tu t'en iras gagner ta demeure dernière,
Si jamais dans mes doigts je te tiens prisonnière !
Descends donc ! De là-haut tu me peux à ton gré
Narguer encor. Descends un peu ! Je t'apprendrai
Que tu n'es qu'un insecte, ô mouche diabolique,
Et que mon nez n'est pas une place publique !
— Elle approche, se pose...

   — Oui, morbleu ! cette fois
Je la tiens. — Je te tiens, ô mouche, dans mes doigts ;
Tu n'échapperas pas, bien que tu te débattes.
Devant tes petits yeux ne croise pas tes pattes ;

Pas de crise de nerfs ! pas de bourdonnements !
Rien ne peut m'attendrir. Dans d'horribles tourments
Tu t'en vas faire à Dieu, sans que ton sort me touche,
La restitution de ton âme de mouche.
Et rien de théâtral, tu m'entends ; le trépas
Le plus hideux, le plus grotesque, le plus bas.
Tu n'auras, pour mourir, ni le fer ni la flamme ;
C'est entre mes deux doigts que tu vas rendre l'âme.
Le martyre effroyable où tes jours vont finir
Servira de leçon aux mouches à venir,
Et découragera ta race vagabonde
D'aller de nez en nez persécuter le monde.
— Par toi me voilà seul, perdu, désespéré !..

Je ne veux pas, par là, dire que j'en mourrai ;
Mais rien n'est, en tout cas, plus triste sur la terre
Que de rentrer chez soi seul et célibataire,
Quand, pour se marier, on en était sorti.
Je m'étais fait du cœur, j'avais pris mon parti,
J'étais prêt ! Ma future apportait en ménage
Toutes les qualités qu'on recherche à mon âge ;
Certe, elle n'était pas une de ces beautés
Sur qui tous les regards se tiennent arrêtés,
Loin de là ! Mais j'étais sur le point de me faire
A son expression de visage... sévère,
Très-sévère... — Elle avait un peu trop d'embonpoint ;
Mais sa rotondité ne me déplaisait point :
J'y voyais le garant d'une conduite austère.
Peut-être avais-je tort... Mais quel bon caractère !
Quelle agréable humeur !.. Sans doute, il se peut bien
Qu'elle cachât son jeu : moi, je cachais le mien.
Et ce n'est qu'en faisant plus ample connaissance...

Alors un coup de dés? Une affaire de chance?
Ça pouvait tourner bien... mais tourner mal aussi!

Et si le coup de dés n'avait pas réussi?..
C'était à redouter! Il se pouvait bien faire
Que la fille, après tout, fût de l'humeur du père,
Et le père est brutal, emporté, pour le moins:
Il m'a presque frappé, — frappé devant témoins!
Si la future encore eût été vraiment belle!
Mais non! Quand j'examine, et que je me rappelle...
Son port majestueux, son faux air de grandeur,
Sa farouche beauté... s'appelle la laideur!
Elle était vraiment laide, et grosse et mal tournée;
A s'épaissir encore elle était destinée,
Elle allait devenir obèse, c'est fatal!
— Une femme grotesque! Un beau-père brutal!
Ma bonne affaire alors ne valait pas le diable!
Et, sans toi, je tombais dans ce piége effroyable,
Et je me mariais, et j'allais, comme un fou,
Serrer ce lien-là, cette corde à mon cou!
Adieu tous les plaisirs! adieu toutes les joies!

— Le Capitole, un jour, fut sauvé par les oies;
Par toi, je suis sauvé, je ne l'oublierai pas.
Viens troubler désormais mon sommeil, mes repas,
Mon travail; nuit et jour, bourdonne à mes oreilles,
C'est ton droit. Envers toi, comme envers tes pareilles,
Dieu me garde à jamais d'être injuste et cruel!
Mouche, faite d'azur, messagère du ciel,
Tu n'as fait jusqu'ici manquer qu'un mariage,
Ah! ne t'arrête pas à ton début, voyage!

Ton temps est précieux ; ne perds pas un instant.
Qui sait ? Peut-être ailleurs on t'espère, on t'attend ;
Va, mouche, dévouée à ton œuvre féconde,
De mairie en mairie émanciper le monde.

AUX ARRÊTS

Comédie-vaudeville en un acte

Par MM. J. DE RIEUX et E. D'AU.

PERSONNAGES

PATUROT, vieux domestique au service de la baronne, 5o ans.

AMÉLIE, petite-fille de la baronne, 17 ans.

*La scène est en province, au château de la baronne de ***, veuve d'un général.*

AUX ARRÊTS

Le théâtre représente un petit salon. Cheminée avec pendule et flambeaux au fond. Allumettes sur la cheminée. Sur le devant à gauche, un piano avec tabouret ; morceaux de musique sur le piano. Devant la cheminée, une table recouverte d'un tapis. Fenêtre au fond, à gauche. Portes latérales. Chaises et fauteuils.

SCÈNE PREMIÈRE

PATUROT, entrant. Il tient une ardoise à la main et fait le salut militaire, comme par habitude.

(Il s'arrête pendant un instant ; puis ne voyant personne, il se dirige vers la pendule pour regarder l'heure. Il pose son ardoise sur la table, regarde l'heure de nouveau, puis se promène de long en large en allongeant sa barbiche. Il consulte encore la pendule, regarde à la fenêtre en tambourinant sur les carreaux et reprend sa promenade en poussant un soupir. Il tire machinalement sa pipe et sa blague de son pantalon, bourre sa pipe, prend une allumette dans la poche de son gilet et s'apprête à l'allumer. Il s'arrête tout à coup et remet le tout dans ses poches, d'un air de mauvaise humeur.) Suis-je bête !.. *(Haussant les épaules.)* Dans le salon !.. *(Regardant la pendule.)* Dix heures moins cinq !.. *(Reprenant sa pro-*

menade.) Eh bien! Paturot, en voilà une consigne qu'on ne t'avait pas encore donnée!.. Garder aux arrêts... par ordre de la générale... sa petite-fille... que t'as bercée... dorlotée... et qui pour la peine te tirait les moustaches... jusqu'à te faire crier... pauvre chérie!.. Ah!.. c'était le bon temps!.. Et aux arrêts forcés, n'y a pas à dire!.. Ah! c'est qu'elle a une tête, la générale!.. Mam'selle Amélie en a une aussi, du reste... Je me rappelle, quand je la promenais aux Tuileries — c'était haut comme ça — fallait déjà faire toutes ses volontés... Moi, je lui cédais toujours... et elle m'embrassait... pauvre mignonne!.. La générale, elle, c'est pas ça... prrrr... elle s'emporte!.. bon cœur... mais prrrr... elle s'emporte... et ce matin... — je n'avais pas encore vu ça — elle vous a collé sa petite-fille à la salle de police, comme un simple troubade... V'lan! et pas à répliquer... Pourquoi?.. Je n'en sais rien... mais elle l'a collée... *(Regardant la pendule et respirant bruyamment.)* Ah! enfin!.. dix heures!.. *(S'approchant de la porte à gauche et frappant à petits coups.)* Mam'selle Amélie?.. L'heure du piano.

SCÈNE DEUXIÈME

PATUROT, AMÉLIE, d'abord dehors, puis entrant.

AMÉLIE, dans sa chambre. — D'un ton de mauvaise humeur.
Je ne suis pas disposée...

PATUROT, avec douceur.
Ça ne fait rien, Mademoiselle... c'est la consigne.

AMÉLIE, dehors.

Qu'est-ce que ça me fait...

PATUROT, passant sa main sur sa barbiche d'un air inquiet. A part.

Voilà !.. prrrr... la tête !.. (*Haut. D'un air câlin.*) Mam'-selle Amélie... voyons... pour moi ?

AMÉLIE, ouvrant la porte et restant sur le seuil, les bras croisés.

Comment, pour toi ?..

PATUROT, se reculant un peu.

Mais oui, Mam'selle... si la générale ne vous entend pas jouer du piano, elle m'y collera aussi, à la salle de police...

AMÉLIE, entrant en riant.

Ah ! ah ! ah !.. mon pauvre Paturot... as-tu l'air piteux pour un vieux brave !

PATUROT

Oui, vous riez... mais la générale ne rit pas, elle !.. n'y a pas à dire... c'est l'ordre... (*Allant prendre son ardoise.*) Je viens de l'écrire sous sa dictée...

AMÉLIE

Toi ?.. Mais tu ne sais ni lire ni écrire...

PATUROT, avec dignité.

Comme vous, non... mais... j'écris à ma manière. (*Il montre son ardoise.*)

AMÉLIE, s'appuyant sur son épaule.

Je serais curieuse de voir ça... (*Regardant l'ardoise.*) Voilà des bâtons...

PATUROT

Comptez… il y en a dix… dix heures !..

AMÉLIE, souriant.

Bon…, mais qu'est-ce que c'est que ça?.. Une souricière ?..

PATUROT

Ça.. c'est le piano !.. (*Suivant du doigt.*) Dix heures, le piano…

AMÉLIE, riant.

Ah! ah!.. Et ça… qu'est-ce que c'est.,. après les autres bâtons?.. Une cage?..

PATUROT

Non… c'est le panier d'ordonnance… (*Suivant du doigt.*) Onze heures, le déjeuner…

AMÉLIE, continuant de rire, puis prenant tout à coup son sérieux.

Je ne savais pas, Paturot, que tu avais fait tant de progrès pour l'écriture…

PATUROT, à part, d'un air bon enfant, en reportant son ardoise sur la cheminée.

Elle me blague… (*Revenant — D'un air câlin.*) Voyons, Mam'selle Amélie… ne me faites pas gronder par la générale… qu'elle entende un petit peu le piano… seulement un petit peu !..

AMÉLIE, se dirigeant vivement vers le piano.

Ah! s'il ne te faut que ça pour te faire plaisir… tiens, écoute… (*Elle tape à tort et à travers sur le piano.*) Es-tu content?..

PATUROT, secouant la tête.

Jamais la générale ne prendra ça pour de la musique... Non... un petit air... n'importe quoi... ça vous est si facile... Mon Dieu! moi... si je savais... je vous éviterais bien cette peine-là!

AMÉLIE, souriant, puis se mettant au piano et jouant les premières mesures d'une valse.

Ah!.. tu fais bien de moi tout ce que tu veux... (*Elle chante en s'accompagnant.*) Tralalala... a lalala... tralala a lala...

PATUROT, battant la mesure avec satisfaction.

C'est ça... bravo!.. Tralala a... lala...

AMÉLIE, s'arrêtant tout à coup et tournant sur son tabouret du côté de Paturot, qui s'arrête interloqué. D'un air agacé.

J'espère qu'en voilà assez!.. car j'ai les nerfs agacés.

PATUROT

N'faut pas... n'faut pas...

AMÉLIE, s'animant.

Comment n'faut pas?.. Quand on me met aux arrêts... comme une petite fille... à dix-sept ans!

PATUROT

Oui... dans onze mois... Mais enfin, pourquoi la générale vous y a-t-elle mise, aux arrêts?..

AMÉLIE, se levant.

Tu n'en sais rien?.. (*Paturot fait signe que non.*) Eh bien!.. sans me consulter le moins du monde, ma grand'mère veut me marier, avec un ami de mon frère...

lieutenant — à ce qu'il paraît — dans le même régiment que lui...

PATUROT, faisant le salut militaire.

Quatrième houzards!.. Mais... ce n'est pas une mauvaise idée...

AMÉLIE, sévèrement.

Tu dis?..

PATUROT, vivement.

Si ça vous allait... si ça vous allait... parce que... autrement... moi... vous comprenez...

AMÉLIE

Et ça ne me va pas... parce que je me suis promis de n'épouser que mon cousin Gustave...

PATUROT, stupéfait, à part.

Le petit Gustave!.. (*Haut.*) Mais vous ne l'avez pas vu depuis au moins six ans!

AMÉLIE

Eh bien! après?.. D'abord, c'est toi qui nous avais fiancés... tu l'appelais mon petit mari... il m'appelait sa petite femme...

PATUROT, à part.

Bon!.. voilà que c'est de ma faute, maintenant! (*Haut.*) Mais, Mam'selle Amélie, votre cousin Gustave a tout au plus dix-huit ans maintenant... et on ne se marie pas à cet âge-là...

AMÉLIE

Eh bien! j'attendrai...

PATUROT, à part.

La tête !.. la tête !.. Mais n'faut jamais la brusquer...
(*Haut, d'un air résolu.*) Eh bien ! vous avez raison...
nous attendrons... Voyez, moi... pour me marier, j'ai
attendu jusqu'à cinquante ans... j'attends même encore !..

AMÉLIE, riant malgré elle et lui tirant sa barbiche.

Grande bête, va !..

PATUROT, à part. Souriant d'abord, puis faisant la grimace parce
que Amélie a tiré trop fort.

Est-elle gentille !... (*Haut.*) Mais, Mam'selle, c'est pas
tout ça... et le piano ?..

AMÉLIE, reprenant l'air sérieux.

Bon !.. voilà que tu vas encore m'agacer...

PATUROT, d'un air suppliant.

Mais non... mais non... pour moi... Jouez-moi la fanfare du quatrième houzards... (*Saluant.*) Notre régiment !..

AMÉLIE, se remettant au piano.

Tu la chanteras alors...

PATUROT

Eh bien !.. oui... je veux bien... (*A part.*) Mais je
ne chanterai que le refrain, parce que... les couplets...
(*Étouffant son envie de rire en faisant claquer ses doigts
et en montrant Amélie qui lui tourne le dos.*) hoie...
hoie... hoie !

AMÉLIE

Voyons, y es-tu ?.. (*Elle joue la ritournelle.*)

PATUROT, reprenant son sérieux et se posant.

Oui, Mam'selle !.. (*Il chante en se dandinant.*)

> Voilà l' quatrième houzards,
> Tralalala lalala lalalaire...
> Voilà l' quatrième houzards,
> R'gardez-moi tous ces flambards !..
> En garnison, à la guerre,
> Tralalalalaire...
> Il n'y a qu'à les laisser faire...
> Tralalalalaire...
> On n' connaît pas les traînards,
> Dans le quatrième houzards !

Ensemble.

> Tralalalala lalala lala... (*bis.*)

PATUROT

Ah ! Mam'selle, quand j'entends ça... ça me rajeunit de trente ans !

AMÉLIE, riant.

Tu faisais donc aussi le fendant, toi, à cette époquelà ?.. Ah ! comme tu devais être drôle !

PATUROT, se rengorgeant.

Dame !.. on faisait ce qu'on pouvait...

AMÉLIE

Et dire que tu m'as bercée avec cette fanfare-là !

PATUROT

Et puis, que je vous la chantais encore, quand j'allais

vous promener aux Tuileries et que je vous regardais sauter à la corde avec les autres petites filles...

AMÉLIE, d'un air de doute.

Tu me regardais... tu me regardais... c'est-à-dire que tu me laissais très-souvent seule, pour aller jacasser avec les bonnes...

PATUROT, dissimulant une grimace.

Oh ! bien rarement...

AMÉLIE

Tatata !.. avec ça que je ne te voyais pas...

PATUROT, à part.

Oh ! elle a toujours été futée !..

AMÉLIE

Même que tu me disais que c'étaient des payses...

PATUROT, vivement.

Certainement... sans cela...

AMÉLIE

Eh bien ! tu en avais un régiment alors... car tu connaissais toutes les bonnes d'enfants qui venaient aux Tuileries...

PATUROT, mal à l'aise.

C'était d'hasard... probablement... Mais... si nous reprenions le piano ?..

AMÉLIE, sans l'écouter.

Ah ! ça, Paturot,... qu'est-ce que tu pouvais donc avoir

tant à leur dire à tes payses ?.. Conte-moi donc ça... ça passera le temps... (*Elle s'assied.*)

PATUROT, inquiet.

Moi ?.. (*A part.*) Eh bien ! ce serait du joli !

AMÉLIE, impatientée.

Voyons, j'attends...

PATUROT

Mais... je leur demandais... approximativement... des nouvelles de ma famille...

AMÉLIE

Tu n'en as pas...

PATUROT, de plus en plus mal à l'aise.

Enfin... du pays... des amis... (*Regardant du côté de la pendule avec satisfaction.*) Ah ! Mademoiselle, onze heures !.. le déjeuner ! (*Il court prendre son ardoise.*)

AMÉLIE

Nous avons le temps... D'abord je ne mangerai pas... je n'ai pas faim...

PATUROT, lui montrant l'ardoise.

Ça ne fait rien... c'est la consigne... onze heures le déjeuner... c'est écrit.

AMÉLIE, riant malgré elle.

Oui... la cage !.. je l'ai vue tout à l'heure... (*Sérieusement.*) Mais il est inutile de te déranger... (*S'animant.*) Je... ne... mangerai pas... et si grand'mère veut me voir mourir de faim, elle n'a qu'à maintenir la puni-

tion... (*Elle se promène de long en large d'un air déter-
miné.*)

PATUROT, s'éloignant doucement, à part.

Ça se passera... mais n' faut jamais la brusquer...
(*Haut.*) Je cours à l'office et je reviens...

SCÈNE TROISIÈME

AMÉLIE, seule.

Ah ! c'est vrai, ça ! On veut me prendre par la
rigueur ! Eh bien ! non, je ne cèderai pas !.. aux
arrêts !.. Ah ! je me rappelle mon frère... quand nous
habitions Saint-Germain, où il était en garnison...
Son colonel l'avait mis aux arrêts !.. pour huit jours !..
Il les a faits... mais il était furieux... comme moi... Je
le vois encore... se promenant avec colère... en tirant
sa moustache... (*Elle imite son frère tout en marchant.*)
« C'est affreux !.. toute une semaine à rester là... au
bloc !.. » (*S'arrêtant.*) Seulement, ce qui m'intriguait,
c'est que — quand j'écoutais derrière la porte — je l'en-
tendais souvent s'écrier : « Sapristi ! je voudrais bien
savoir ce que devient Palmyre pendant ce temps-là !.. »
Je n'osais pas lui demander ce que c'était que Palmyre... D'abord, il était d'une humeur de dogue... Alors
j'ai interrogé Paturot... qui a fini par me dire — après
un tas de manières... selon son habitude — que c'était
une nouvelle jument que mon frère était en train de
dresser... Alors, j'ai compris que ces maudits arrêts
interrompaient le dressage... Après tout, il aurait bien
pu prier un camarade de le remplacer... mais l'amour-

propre... je comprends ça !.. et il enrageait... comme moi
aujourd'hui... N'importe... je les ferai, mes arrêts... et ma
grand'mère verra que je suis aussi entêtée qu'elle !..
Vouloir me marier à un inconnu... tandis que ce pauvre
Gustave... Mon Dieu, après tout... Gustave, c'est vrai —
comme disait Paturot — je ne l'ai pas vu depuis six
ans... aux vacances... Il ne pense même peut-être plus
à moi !.. Mais, au moins, si ma grand'mère m'avait
donné le temps de la réflexion !.. si elle m'avait con-
sultée !.. si elle m'avait dit bien gentiment... Mais non.
(Imitant sa grand'mère.) « Mademoiselle, mon choix
est fait... vous épouserez le lieutenant... » — Tiens,
comment donc s'appelle-t-il ?.. Je ne me rappelle plus
son nom... qui du reste m'est bien égal !.. Est-ce que je
le connais, moi, ce monsieur !.. Un ami de mon frère...
Eh bien ! après? Si j'étais obligée d'épouser tous les
amis de mon frère !.. Non, non, c'est décidé, je ne cèderai pas... et quand je devrais rester enfermée pendant
dix ans... je ne reviendrai pas la première... Me traiter
comme une gamine !.. Ah ! j'en verse des larmes de dépit... *(Écoutant.)* C'est Paturot qui revient... *(S'apprê-
tant à rentrer dans sa chambre.)* Je ne veux pas qu'il me
voie pleurer... ça lui ferait de la peine, à ce grand
nigaud-là... *(Elle sort en s'essuyant les yeux.)*

SCÈNE QUATRIÈME

PATUROT, entrant, tenant à la main le panier d'ordonnance, dans
lequel il apporte le déjeuner. — Il fait sur le seuil de la porte le
salut militaire.

(Parlant d'un air de satisfaction.) Voilà le déjeuner...
et des nouvelles !.. *(Regardant et ne voyant personne.)*

Tiens... elle est rentrée dans sa chambre... (*Il pose son panier à terre et met son ardoise sur la cheminée.*) Je n'ai pourtant pas été long, car j'ai rencontré en route la cuisinière qui apportait le panier et qui m'a recommandé de me dépêcher, ou, sans ça, qu'il allait refroidir... et j'ai couru dare dare... (*Approchant la table et mettant le couvert, en retirant du panier nappe, serviette, etc.*) Mettons vite le couvert... Ah! oui, y en a des nouvelles!.. Je comprends l'affaire maintenant!.. Il faut tâcher d'arranger la chose... en douceur... faut jamais la brusquer... La générale, voyez-vous, elle n'entend absolument rien à élever les enfants et... si je n'avais pas été là !.. (*Montrant la porte à gauche en clignant de l'œil.*) Mais comme elle est drôle souvent avec ses questions! Enfin, si on n'avait pas de la jugeotte, tout de même !.. Vous l'avez entendue, tout à l'heure, à propos de mes payses? (*Prenant un plat couvert qu'il s'apprête à placer sur la table.*) Et quand elle était petite donc !.. c'était souvent à en perdre la boussole! (*S'avançant d'un air confidentiel en tenant le plat.*) Ainsi... tenez... un jour... elle me demanda, de sa petite voix flûtée : — et vous allez voir comme c'était commode de lui répondre — « Dis donc, Paturot, explique-moi donc comment qu' ça s' fait les... » (*S'arrêtant tout à coup en regardant le plat qu'il tient à la main.*) — Bavard que je suis !.. ça va refroidir... (*Posant vivement le plat sur la table et courant à la porte de gauche.*) Mam'selle Amélie !.. le déjeuner est servi...

SCÈNE CINQUIÈME

PATUROT, AMÉLIE.

AMÉLIE, dans sa chambre.

Je n'ai pas faim...

PATUROT, à part.

V'là que ça recommence... la tête... prrrr !.. (*Haut.*) Mademoiselle, venez déjeuner... (*Avec prière.*) pour moi... (*Il fait signe qu'elle viendra.*) hein ?.. voyons... pour moi...

AMÉLIE, entrant.

Ah ! ça, si je ne veux pas manger, en quoi cela te regarde-t-il ?

PATUROT

La générale le saura, quand je rapporterai le panier à la cuisine, et alors.., ça me retombera sur le dos...

AMÉLIE

Eh bien !.. mange-le le déjeuner, et ma grand'mère ne s'apercevra de rien...

PATUROT, étonné.

Moi ?

AMÉLIE

Oui, toi... Allons, à table !.. (*Elle désigne la chaise à Paturot.*) et asseyons-nous tout de suite...

PATUROT, hésitant.

Mais... Mam'selle Amélie...

AMÉLIE

Il n'y a pas de mais... et vivement... en deux temps deux mouvements...

PATUROT, même jeu.

C'est pas dans l'ordre... c'est pas dans l'ordre...

AMÉLIE, imitant Paturot.

Voyons... pour moi, mon petit Paturot...

PATUROT, cédant, à part.

Comme elle me câline !.. (*Il s'assied.*)

AMÉLIE

Et je vais te surveiller comme lorsque tu me faisais faire la dînette... (*Lui mettant la serviette autour du cou en l'étouffant à moitié.*) Allons... mettons notre serviette...

PATUROT, se dégageant.

Ah! je n'allais pas si fort que ça !.. (*Il prend sa fourchette dans la main gauche.*)

AMÉLIE, sans l'écouter.

Et soyons propre à table... Prenez votre fourchette dans la main droite...

PATUROT

Mam'selle... vous savez bien que je suis gaucher...

AMÉLIE

Ça ne fait rien... on va vous servir... et mangeons doucement... si c'est possible..

12.

PATUROT

Ce sera bien pour vous obliger...

AMÉLIE

C'est bon, c'est bon... on vous connaît, gourmand !..

PATUROT, passant sa main sur sa barbiche.

Ah ! ça vous plaît à dire...

AMÉLIE

Oui... oui... vous aimez les bons petits plats... (*Découvrant le plat.*) Eh bien ! on va vous en donner. (*Servant Paturot.*) Hein ?.. qu'est-ce que c'est que ça ?

PATUROT, regardant avec étonnement.

Un morceau de pain sec !..

AMÉLIE, avec colère.

Ah ! tu le savais bien... et tu te moquais de moi !

PATUROT, se levant d'un air de reproche, ayant toujours sa serviette au cou.

Ah! Mademoiselle !.. moi... Paturot... vous apporter du pain sec !.. quand j'ai si souvent employé mon sou de poche à vous acheter un gâteau !

AMÉLIE, émue.

Oui, oui, mon bon Paturot... je te crois... c'est encore un tour de ma grand'mère... (*Riant.*) Mais consolons-nous, va... (*Prenant la bouteille.*) et bois un coup pour faire passer ton chagrin...

PATUROT, tendant son verre en poussant un soupir.

Ça... j'accepte... j'en ai besoin... Du pain sec !..

AMÉLIE, versant à boire, avec étonnement.

Comment ?.. De l'eau !..

PATUROT, reposant son verre avec résignation.

De l'eau !..

AMÉLIE, riant malgré elle de la tête de Paturot.

Et moi qui croyais te faire faire un bon repas !..

PATUROT, même jeu.

Merci toujours, Mam'selle... Mais consolez-vous... je viens de déjeuner à la cuisine... et je n'ai pas faim du tout...

AMÉLIE

Et malgré ça, tu allais encore recommencer?..

PATUROT, naïvement.

Dame !.. pour vous faire plaisir...

AMÉLIE

Pauvre Paturot, va... Eh bien ! il faut que je te fasse plaisir à ton tour et... je te permets... de fumer ta pipe... Ah !..

PATUROT, jetant sa serviette.

Dans le salon !.. jamais !..

AMÉLIE

Puisque je te le permets...

PATUROT

Eh bien! merci... si la générale entrait et sentait l'odeur du tabac!.. D'abord, ici, c'est doublement défendu... parce que, voyez-vous, c'est comme qui dirait que je suis moi-même à la salle de police...

AMÉLIE

On ne fume donc pas à la salle de police ?..

PATUROT

C'est-à-dire... on fume bien, si vous voulez... mais tout de même on ne fume pas...

AMÉLIE, riant.

Ah! par exemple, je ne comprends pas!.. voyons, explique-moi ça...

PATUROT, à part.

Quand je vous dis qu'il faut qu'on lui explique tout... (*Haut.*) Eh bien! je vais vous faire la démonstration... ça passera le temps... Voyez-vous, c'est un truc... regardez bien... (*Tirant sa pipe de sa poche.*) Une supposition... vous prenez deux vieilles pipes comme celle-là — trois brisques pour le moins! — Vous les bourrez et... vous en allumez une seulement... Eh! bien, si vous fermez les yeux et si on vous fait tirer alternativement dans l'une et dans l'autre... impossible de distinguer laquelle qu'est allumée et laquelle qu'est à sec, comme on dit...

AMÉLIE

Vraiment!..

PATUROT

C'est l'exacte vérité...

AMÉLIE

Après?.. ça ne m'explique pas...

PATUROT

Vous ne comprenez pas?.. C'est pourtant bien simple...
quand on est à la salle de police, pour esquiver la consigne, sans se priver de sa bouffarde, on se bande les
yeux... on fume sa pipe à sec et on se monte le coup...
voilà! (*Il s'apprête à remettre sa pipe dans sa poche.*)

AMÉLIE, l'arrêtant.

Un instant, alors!.. Tu vas bourrer ta pipe...

PATUROT, regardant.

Elle l'est, bourrée...

AMÉLIE

Très-bien alors... maintenant tu vas la fumer à sec...
ça fait que tu ne craindras pas que grand'mère s'en
aperçoive et... tu te monteras le coup... Je serais curieuse
de voir ça...

PATUROT

Dame!.. si ça peut vous amuser... c'est pas difficile...
(*Il va mettre sa pipe entre ses lèvres.*)

AMÉLIE, l'arrêtant.

Attends... attends... d'abord je vais te bander les yeux...
assieds-toi là... (*Elle prend la serviette et lui bande les
yeux.*)

PATUROT

Pas si fort... je ne tricherai pas...

AMÉLIE, s'éloignant vivement vers la cheminée.

Et maintenant... attendons le commandement... pré-
parez pipe!.. (*Paturot porte sa pipe à sa bouche. — Elle
allume une allumette.*) Attention!.. (*Elle se rapproche.*)
Fumez pipe! (*Elle met l'allumette sur la pipe.*) Et tirez
franchement... mieux que ça! (*Paturot tire à pleins
poumons et allume sa pipe. Amélie jetant l'allumette.*)
Eh! bien... te montes-tu le coup?

PATUROT, retirant sa pipe.

Parfaitement... et je vous jure que moi... qui connais
le truc... (*Il se remet à fumer.*)

AMÉLIE

Tu plaisantes...

PATUROT

Non... foi de Paturot!.. (*Présentant sa pipe à Amélie.*)
Et si vous pouviez vous-même... Ah! que je suis bête!
(*Enlevant sa serviette.*) Je vous demande pardon, Mam'-
selle... (*Reniflant.*) Hein?.. mais ça sent le tabac!..
(*Regardant sa pipe pendant qu'Amélie se met à rire.*)
Ah!.. vous m'avez joué le tour!.. (*Se levant vivement.*)
Mais qu'est-ce que va dire la générale, si elle s'aper-
çoit... (*Courant vers la fenêtre.*) Faut ouvrir bien vite...
pour enlever l'odeur...

AMÉLIE

Ah! tu m'as bien fait rire!..

PATUROT, ouvrant la fenêtre, d'un air de reproche.

Oui, riez... riez... (*Après avoir regardé dehors. A mi-
voix.*) Chut! pas si haut... pas si haut... la générale se

promène justement là... dans le parterre... (*Regardant de nouveau.*) les mains derrière le dos... Elle a l'air bien triste...

AMÉLIE, s'approchant avec inquiétude.

Tu crois?..

PATUROT

Regardez plutôt...

AMÉLIE, se penchant derrière Paturot pour regarder.

C'est vrai... (*Appelant d'un air inquiet.*) Grand'mère?..

LA BARONNE, dehors, sévèrement.

On ne parle pas aux arrêts, Mademoiselle...

AMÉLIE, se reculant d'un air maussade. A Paturot.

Tu vois... Je m'étais pourtant bien promis de ne pas revenir la première...

PATUROT

N'faut pas lui en vouloir allez, Mam'selle, c'est ce journal qui l'a émotionnée...

AMÉLIE

Quel journal?..

PATUROT, tristement.

C'est vrai, je ne vous l'ai pas dit... le *Moniteur de l'armée* de ce matin... on vient de me le lire à la cuisine...

AMÉLIE, avec inquiétude, interrogeant Paturot.

Ah! mon Dieu!.. qu'y a-t-il... Georges?..

PATUROT

Pas de mal, Mademoiselle, pas de mal... mais enfin, il l'a échappée belle... là-bas, en Afrique...

AMÉLIE, vivement.

Va me chercher ce journal... je veux savoir...

PATUROT

Inutile, Mam'selle... je connais l'affaire par cœur...

AMÉLIE, même jeu.

Parle vite...

PATUROT

Eh bien!.. le capitaine était avec sa compagnie, en reconnaissance; tout à coup, les v'la salués par une fusillade qui tue son cheval...

AMÉLIE

Palmyre?..

PATUROT

Comment Palmyre?.. (*Se rappelant et souriant. A part.*) Ah! oui... (*Haut.*) Probablement... Alors les moricauds sortent de derrière les broussailles et allaient se jeter sur monsieur Georges, quand, heureusement, son lieutenant accourt, le dégage et permet à ses hommes d'arriver à temps pour mettre en fuite la vermine...

AMÉLIE, vivement.

Et mon frère n'a pas été blessé?

PATUROT

Pas une égratignure !.. Mais le lieutenant a reçu un coup de feu, qui l'a tenu un mois à l'hôpital...

AMÉLIE

Pauvre jeune homme!.. Oh! avec quel plaisir je l'embrasserais!

PATUROT, qui étudie le regard d'Amélie.

Vraiment?.. Eh bien! c'est facile, mademoiselle... il vient passer au château son congé de convalescence, et c'est de lui que la générale vous parlait ce matin...

AMÉLIE, émue.

Lui!.. (*Se cachant la figure dans ses mains.*) Oh!.. si j'avais su!

PATUROT, vivement.

Ah! j'en étais bien sûr... (*Se rapprochant d'Amélie et faisant le salut militaire.*) Alors, puis-je parler à la générale?

AMÉLIE, confuse.

Comme tu voudras...

PATUROT, à la fenêtre, après avoir fait le salut.

Ma générale, nous consentons à tout...

AMÉLIE, le tirant vivement par le bras.

Pas si vite...

PATUROT, se retournant.

Tant pis... c'est dit...

LA BARONNE, dehors.

Est-ce vrai, Amélie?..

PATUROT, à Amélie qui hésite.

Faut prendre le galop... faut prendre le galop...

13

AMÉLIE, courant à la fenêtre.

Oui, grand'mère !..

LA BARONNE, dehors.

C'est bien... les arrêts sont levés !

PATUROT, faisant sauter son képi.

Enfoncée la salle de police !.. Si vous saviez comme ça m'humiliait pour nous deux !.. Enfin, nous allons donc le dorloter aussi, ce brave lieutenant qui a sauvé notre petit Georges ! Tenez, si je ne me retenais... je vous embrasserais... comme il y a dix ans !.. (*Il s'arrête tout à coup.*) Pardonnez-moi, mam'selle... mais ç'a été plus fort que moi...

AMÉLIE, lui prenant les deux joues.

C'est moi qui t'embrasserai, mon vieux Paturot... tiens, pour mon frère... et pour moi... (*Elle l'embrasse sur chaque joue.*)

PATUROT, essuyant une larme.

Ah !.. ça fait du bien !.. (*Regardant Amélie du coin de l'œil.*) Allons, j'irai peut-être encore bientôt promener des mioches aux Tuileries... (*Branlant la tête.*) Seulement, je ne sais pas si je retrouverai des payses !..

AMÉLIE, qui regardait Paturot en souriant.

Voyons, à quoi penses-tu ?.. Grand'mère nous attend...

PATUROT

Eh bien ! rendons-nous à l'ordre, et en avant la fanfare du quatrième houzards !..

Ensemble, en faisant le salut militaire.

Voilà l' quatrième houzards,
Tralala lalala lalaire,
Voilà l' quatrième houzards...

PATUROT, levant son képi.

Sortis des arrêts flambards !

AMÉLIE, au public.

J' n' crains plus ceux d' ma grand'mère,
Tralalalalalaire,
Mais je crains ceux du parterre,
Quelquefois bien sévère...

PATUROT, prenant la main d'Amélie.

Ménagez deux vieux grognards
De c' pauvr' quatrième houzards !

Ensemble.

Tralalala lala lalaire, etc.

Rideau.

LES DEUX SOUS-PRÉFETS DE X***

Saynète en un acte

Par M. Jules GUILLEMOT.

PERSONNAGES

ARTHUR DE SAINT-GAUTHIER.
EMILE DURIVET.
Un Domestique, *personnage muet.*

LES DEUX SOUS-PRÉFETS DE X***

Le cabinet de M. le sous-préfet : sur un des côtés, un grand casier à cartons verts.

SCÈNE PREMIÈRE

ARTHUR DE SAINT-GAUTHIER, seul.

(*Il est assis devant un bureau, la plume à la main, méditant sur ce qu'il vient d'écrire.*) — Jusqu'ici, cela va bien. (*Se relisant.*) — « Honorables habitants et chers administrés ! » Comme entrée en matière, c'est bon. De la dignité : « honorables habitants ! » ; une familiarité affectueuse : « chers administrés ! » Le début marche ; il marche très-bien, le début, mais voilà ! Je ne peux pas trouver autre chose. Il faut être juste : quand on a été un des beaux cavaliers de Paris, ami de tous les artistes posés et de tous les écrivains en renom, spectateur assidu, nécessaire, de toutes les *premières* à sensation (c'est-à-dire que je me demande comment elles peuvent marcher sans moi, les *premières* !) ce n'est pas en quinze jours, naturellement, qu'on se met au courant de la vie administrative. Et puis, parler à des ruraux des engrais et de la race porcine, je puis bien me l'avouer à moi-même, un sujet comme celui-là, ça ne me dit rien.

Après tout, c'est le revers de la médaille; mais j'y tiens, à ma médaille. On reçoit, on est reçu : monsieur le sous-préfet par-ci, monsieur le sous-préfet par-là, c'est amusant. Les amis de Paris doivent venir me voir à tour de rôle. Et puis, c'est un bon pays, peuplé de gens aimables, où l'on vit bien. Des fenêtres de la sous-préfecture on a une vue charmante : quand on a fréquenté des paysagistes, ce sont des choses auxquelles on n'est pas insensible. — Mais je m'égare, et j'oublie le discours que je dois improviser demain. Voyons, voyons ! (*Il se plonge la tête dans les mains.*) — « Honorables habitants et chers administrés ! » (*Répétant les derniers mots en homme qui cherche la suite.*) « . . . et chers administrés ! . . . » (*Tout à coup, il se met à rire et dit.*) — Oh ! c'est Geoffroy qui serait bon dans ce rôle-là ! (*Il redit la phrase en imitant Geoffroy.*) — « Honorables habitants et chers administrés ! » (*S'arrêtant, sérieux.*) — Oui; mais je ne peux pas dire le rôle *en Geoffroy.* Soyons sérieux ! C'est demain le concours régional de Saint-Marcel-la-Vineuse : il faut absolument que mon improvisation soit écrite ce matin, et que je l'apprenne par cœur ce soir. — Quand le diable y serait, il faudra bien que je trouve quelque chose. (*A ce moment, un domestique en livrée entre, apportant une lettre sur un plateau.*) Qu'est-ce que c'est? Une lettre ! (*Il la prend, le domestique sort.*) Ah ! c'est du père Boismartin, le marchand de bois enrichi dont j'ai demandé la fille en mariage. Je suis ému... lisons ! (*Il lit.*) — « Monsieur, je ne vous cacherai pas que « votre demande me flatte et m'honore. J'ai toujours « rêvé de donner ma fille au sous-préfet. » (*Parlé.*) — Eh bien, mais ça va tout seul. (*Lisant.*) « Pour être franc, je « vous avouerai que j'aurais préféré votre prédécesseur. »

(*Parlé.*) — Comme c'est aimable ! Marchand de bois, va !
(*Reprenant sa lecture.*) « . . . j'aurais préféré votre pré-
« décesseur, à cause de l'opinion politique. » (*Parlé.*) —
Du moins, ça n'est pas personnel. (*Continuant de lire.*)
« Ma fille aussi. » (*Parlé.*) — Ah! (*Lisant.*) « . . . mais
« pas à cause de l'opinion politique. » (*Parlé et se mor-
dant les lèvres.*) — Enfin! . . . (*Reprenant la lecture.*)
« Maintenant, je dois vous dire que je ne marierai ma
« fille que dans six mois, le jour du marché des bêtes à
« cornes, parce que j'attends son parrain ce jour-là. Si,
« dans six mois, vous êtes encore sous-préfet, vous
« serez mon gendre. Si l'autre est revenu... » (*Parlé.*)
— Hein? (*Lisant.*) « alors, ça sera l'autre. Dieu veuille
« que ça soit l'autre ! Mais c'est égal, si c'est vous le
« sous-préfet, c'est une affaire entendue. J'ai bien l'hon-
« neur d'être, ainsi qu'Anaïs... » (*Parlé.*) Et cætera ! —
Ce marchand de bois a une manière de traiter les questions matrimoniales qui me renverse positivement.
Mais, comme j'espère bien être encore sous-préfet dans
six mois!.. Dieu merci, l'autre est bien loin ! (*Le
domestique entre, portant une carte sur un plateau.*)
Qu'est-ce encore ? Je ne pourrai jamais venir à bout de
mon discours ! (*Il prend la carte et la lit.*) Que signifie?
Émile Durivet ! L'autre ! ! Le sous-préfet d'il y a quinze
jours ! — (*Au domestique.*) Faites entrer. (*Le domestique
introduit Durivet et sort.*)

13.

SCÈNE DEUXIÈME

ARTHUR, DURIVET.

DURIVET

Je vous salue, monsieur le sous-préfet.

ARTHUR, saluant.

Monsieur !..

DURIVET

Vous semblez surpris de me voir !

ARTHUR

Un peu, je l'avoue. Mais puis-je savoir quel heureux hasard vous ramène en ce pays ?

DURIVET

En ce pays , monsieur le sous-préfet ? Mais je ne l'ai jamais quitté !

ARTHUR

Comment ?

DURIVET

Vous ne savez donc pas, monsieur le sous-préfet ! Je suis votre voisin ! (*Désignant du geste.*) Là ! A l'hôtel du *Grand-Cerf* ! La rue seule nous sépare, et les rues ne sont pas larges dans cette bonne ville !

ARTHUR

Ainsi, vous n'êtes pas à Paris ? Je n'en reviens pas.

DURIVET

Ni moi non plus, monsieur le sous-préfet.

ARTHUR

Ah ! mais à la fin !.. Sous-préfet vous-même !

DURIVET, très-calme.

Pardon ! Je ne croyais pas vous offenser : je retire le mot.

ARTHUR

Mais enfin, monsieur, me direz-vous ce que vous faites à l'hôtel du *Grand-Cerf* ?

DURIVET

Ce que j'y fais, monsieur le sous.... (*Se reprenant.*) Pardon : monsieur tout court ! — J'attends.

ARTHUR

Vous attendez quoi ?

DURIVET, toujours très-calme.

Qu'on vous *dégomme*.

ARTHUR, ahuri.

Qu'on me dé..!

DURIVET, achevant, sans perdre son flegme.

...*gomme*, oui, monsieur. Vous comprenez : je n'aime pas les déplacements. A chaque changement de minis- tère, on va nous remplacer, vous par moi, moi par vous. Nous en aller à Paris, toutes les fois qu'il plaira à ces messieurs de faire passer leur majorité de droite à gauche *et vice versâ*, c'est fatigant et dispendieux à la longue. Si vous m'en croyez, nous inaugurerons une ère nouvelle : celle de l'hôtel du *Grand-Cerf*. Le *dégommé* (en ce moment, c'est moi) ira donc s'installer à l'hôtel. Et dès que le ministère du jour sera renversé, crac ! en deux pas, il passera du *Grand-Cerf* ici, tandis que, zeste ! en un saut, l'autre ira d'ici au *Grand-Cerf*. Il n'y a que la rue à traverser : c'est charmant.

ARTHUR

Parlez-vous sérieusement ?

DURIVET

Très-sérieusement. — Ainsi, mardi, le ministère sera en minorité.

ARTHUR, inquiet.

Vous croyez ?

DURIVET

C'est mathématique : j'ai pointé ! — Calculez le temps nécessaire pour installer ses successeurs et faire les nominations. Dans quatorze ou quinze jours, crac ! en deux pas...

ARTHUR, figurant l'assurance et l'ironie.

En êtes-vous bien sûr, monsieur ?

DURIVET

C'est mathématique.

ARTHUR

C'est bien, monsieur ; nous verrons. Mais je suppose que vous aviez autre chose à me dire.

DURIVET

En effet. Je voulais vous parler pour un brave instituteur qu'on a révoqué, je ne sais pourquoi : il ne fait pas de politique. C'est un père de famille très-digne d'intérêt, et nous avons beau être ennemis politiques, j'ai pensé qu'à ma recommandation vous voudriez bien faire examiner à nouveau cette affaire.

ARTHUR

A votre recommandation? C'est original... voyons, monsieur !

DURIVET

C'est le maître d'école de Remigny , canton de Saint-Marcel-la-Vineuse.

ARTHUR, cherchant dans son casier à cartons verts.

Vous dites : à Remigny, un instituteur?

DURIVET, dirigeant ses recherches de cartons.

Pardon, pardon : vous êtes dans les chemins vicinaux ; à gauche, à gauche; — un peu au-dessus; non; ce carton-là est celui des discours, — les discours des concours régionaux.

ARTHUR, intéressé.

Ah ! il y a un carton des discours?..

DURIVET

Tout faits d'avance : c'est très-commode. — Là ! les instituteurs. Vous y êtes.

ARTHUR, retirant le carton du casier, à Durivet, avec admiration.

Ah ! vous connaissez bien mes cartons, vous !

DURIVET

J'ai six mois d'exercice.

ARTHUR

Six mois? D'un seul coup?

DURIVET

Presque.

ARTHUR, qui a cherché et trouvé le dossier dans le carton.

Voilà notre affaire. (*En appuyant.*) Je la ferai examiner, vous savez.

DURIVET

Je n'en doute pas.

ARTHUR

Tenez! Je vais écrire au maire. (*Il se met à son bureau.*)

DURIVET, l'arrêtant.

Pardon!

ARTHUR

Qu'est-ce encore?

DURIVET

Vous ne pouvez pas.

ARTHUR

Je ne peux pas! Et pourquoi donc ne pourrais-je pas?

DURIVET

C'est au préfet à provoquer l'enquête.

ARTHUR

Ah! c'est au préfet?.. Vous croyez?

DURIVET

J'ai six mois d'exercice.

ARTHUR

C'est juste : il a six mois! (*A part.*) C'est un homme précieux. (*Haut.*) Enfin, si vous étiez à ma place, qu'est-ce que vous feriez?

DURIVET

C'est bien simple. Je prendrais une plume...

ARTHUR

Je la prends.

DURIVET

... puis, du papier avec l'entête de la sous-préfecture...

ARTHUR

En voici!

DURIVET

... et j'écrirais.

ARTHUR, résolûment.

J'écris. (*S'arrêtant.*) Oui; mais qu'est-ce que j'écris? — Attendez, laissez-moi rédiger cela moi-même. (*Il dit en écrivant.*) « Monsieur le préfet! »

DURIVET, dictant.

« D'après des renseignements qui me viennent de bonne source. »

ARTHUR, *écrivant et répétant les derniers mots.*

« De bonne source. » (*Riant.*) La bonne source, c'est vous : vous avouerez que c'est original.

DURIVET, *dictant toujours.*

« ... j'ai lieu de croire... »

ARTHUR

Non, permettez ! (*Il dit en écrivant.*) « J'ai lieu de penser. » — C'est plus littéraire.

DURIVET, *reprenant sa dictée.*

« J'ai lieu de penser que l'instituteur de Remigny a été révoqué sans motifs suffisants. »

ARTHUR, *qui écrit toujours.*

Si nous mettions : « Sans causes suffisantes ? »

DURIVET

Mettez : « Sans causes. »

ARTHUR

C'est plus littéraire.

DURIVET, *dictant toujours.*

« Je vous prie donc de vouloir bien m'autoriser à ouvrir une enquête à ce sujet. »

ARTHUR, *écrivant et reprenant les derniers mots.*

« A ce sujet. — Veuillez agréer, Monsieur le préfet, mes respectueuses salutations. » — Là ! vous voyez que je sais encore tourner une lettre administrative.

DURIVET

Oui, monsieur le sous-préfet.

ARTHUR, souriant.

Vous y tenez ! — Et, décidément, vous ne voulez pas retourner à Paris ?

DURIVET

A quoi bon ? puisque dans quinze jours !..

ARTHUR, impatienté.

Encore !

DURIVET

C'est mathématique.

ARTHUR

Vous tenez donc bien à cette sous-préfecture ? Il y en a d'autres, de meilleures même. Moi, on pourrait me laisser tranquille ici. Je ne me suis pas compromis dans les élections.

DURIVET

Je le crois ! Il n'y en a pas eu depuis quinze jours ! — Eh ! bien, oui, c'est vrai : j'aime cette sous-préfecture ; c'est un bon pays.

ARTHUR

Tiens ! c'est ce que je disais tantôt !

DURIVET

Et il y a une si jolie vue de vos fenêtres... je pourrais même dire : de nos fenêtres !

ARTHUR

Charmante, la vue ! Juste comme moi ! (*A part, avec une nuance de sympathie.*) C'est un connaisseur... (*Puis, changeant de ton aussitôt...*) malheureusement !

DURIVET, faisant mine de sortir.

Mais pardon : vous étiez au travail, et je vous fais perdre votre temps.

ARTHUR, avec une indifférence affectée.

Oh! mon Dieu, je réfléchissais simplement à un discours que je dois prononcer demain.

DURIVET, revenant sur ses pas.

Ah! oui, au concours régional de Saint-Marcel?

ARTHUR

Précisément.

DURIVET

Et pourquoi ne puisez-vous pas dans le carton vert, vous savez, le carton des discours.

ARTHUR

Y pensez-vous? Je suis avocat! — Il est vrai que je n'ai jamais plaidé.

DURIVET

Alors, c'est comme si vous ne l'étiez pas.

ARTHUR

A peu près. (*Hésitant.*) C'est égal : prendre un discours tout fait...

DURIVET

Et pourquoi dérober à l'administration un temps précieux?

ARTHUR

Ça, c'est une considération. — Oui; mais j'y songe ;

il y a un abîme politique entre vous et moi. Comment les mêmes discours pourraient-ils nous servir?

DURIVET

Bah! pour un concours régional! Les bestiaux ne sont pas électeurs.

ARTHUR

C'est vrai.

DURIVET

Essayez! Vous verrez qu'à quelques nuances près..

ARTHUR

Essayons!

DURIVET, *pendant qu'Arthur retire le carton et le parcourt.*

Et, en somme, si la passion ne nous aveuglait pas, nous verrions souvent que les nuances qui nous divisent se réduisent à si peu de chose!..

ARTHUR

Vous parlez comme un livre. — Mais vous avez mille fois raison! Ces discours sont excellents! (*Parcourant toujours le carton, en lisant çà et là quelques mots au passage.*) « L'ordre, la liberté, le travail! » Parfait, parfait! « L'avenir de la race porcine et ses aspirations! » Je ne pourrais pas mieux dire, tout avocat que je suis. — Vous me rendez là un vrai service, mon cher Durivet. Vous disiez bien : pourquoi dérober à l'administration un temps précieux? — Merci, Durivet.

DURIVET

Bah! entre confrères...

ARTHUR

Vous êtes avocat, comme moi ?

DURIVET

Juste comme vous.

ARTHUR

C'est donc ça que nous ne nous sommes jamais rencontrés à Paris ! — Ah ! Durivet, Durivet, pourquoi faut-il que nous soyons ennemis ? Nous étions faits pour nous entendre. — Mais, au fait, il me vient une idée superbe, quelque chose de bien mieux que le *Grand-Cerf*. — Je vous offre l'hospitalité !

DURIVET

Vous voulez rire.

ARTHUR

Pas du tout. — Je vous offre l'hospitalité, mais à charge de revanche. Comprenez-vous? De cette façon, nous n'aurons pas même la rue à traverser. Les ministères peuvent se remplacer : rien de changé pour nous. Seulement, quand mes amis seront au pouvoir, vous serez chez moi ; et quand ce sera le tour des vôtres, je serai chez vous. — Que dites-vous de mon idée ?

DURIVET

Ma foi, ne fût-ce que pour l'originalité du fait...

ARTHUR

Vous acceptez ! (*S'arrêtant.*) Mais je fais une réflexion : il y a des choses qui ne peuvent pas se partager. (*A part.*) Par exemple, la main de mademoiselle Boismartin, que j'oubliais. Et c'est lui le préféré ! Si je le sondais adroitement !

DURIVET

A quoi songez-vous donc ?

ARTHUR

Dites-moi, Durivet, n'avez-vous jamais songé à vous établir dans ce pays, qui vous plaît comme à moi ?

DURIVET

M'établir ?

ARTHUR

Oui, vous marier ?

DURIVET

Que je me marie, moi ? Vous n'y pensez pas !

ARTHUR

Je n'y pense pas, c'est vrai ; mais vous pourriez y penser, vous.

DURIVET

Êtes-vous allé quelquefois aux Folies-Marigny ?

ARTHUR

Chacun a ses malheurs ! — Quelquefois, — les jours d'averse.

DURIVET

Avez-vous remarqué une blonde superbe, qui, à la dernière revue, jouait le troisième canard dans la scène des journaux ?

ARTHUR, vivement.

Nini !

DURIVET

Vous la connaissez ?

ARTHUR

Particulièrement.

DURIVET

C'est ma femme !

ARTHUR

Pardon ! Si j'avais su...

DURIVET

Que voulez-vous ? S'il fallait me brouiller avec tous les amis de ma femme, je ne pourrais plus voir personne.

ARTHUR

Ah ! vous êtes marié ! (*A lui-même.*) Mais alors, mademoiselle Boismartin !.. (*Haut.*) Ce Durivet ! Il a tout pour lui !

DURIVET

Merci bien ! Cela vous plaît à dire, vous qui êtes garçon !

ARTHUR

Pas pour longtemps. Je vous annonce mon prochain mariage.

DURIVET

Bah !

ARTHUR

Dans six mois : le jour du marché des bêtes à cornes ; — c'est une idée du père Boismartin.

DURIVET

Ah ! c'est mademoiselle Boismartin que vous épousez ! (*A part.*) Encore une Nini ! J'en mettrais ma main au feu. (*Haut.*) Mes compliments ! Je prends part... (*Il lui tend la main.*)

ARTHUR

Ah ! mais, dites donc... pas de bêtises ! Je vous offre l'hospitalité, je veux bien que tout soit commun entre nous ; mais il y a des limites.

DURIVET

Y pensez-vous ! Un ami !.. (*A part.*) Assez d'autres s'en chargeront. (*A ce moment, Baptiste entre, apportant le déjeuner sur un plateau.*)

ARTHUR

Ah ! c'est mon déjeuner ! Durivet, vous voulez bien partager avec moi ? Nous trinquerons à la réconciliation des partis. Baptiste, un couvert pour monsieur ! (*Abasourdissement de Baptiste.*) Après cela, vous irez à l'hôtel du *Grand-Cerf* prendre les bagages de monsieur, et vous préparerez pour lui la grande chambre d'ami. (*Baptiste pousse un cri de surprise, et, dans son émotion, laisse tomber le plateau.*) Allons, bon ! Ma porcelaine du Japon, brisée ! Heureusement, elle n'était pas authentique : je l'avais achetée à l'Exposition !

Rideau.

LE CAP DE LA TRENTAINE

Comédie en un acte

Par M. Eugène VERCONSIN.

PERSONNAGES

ALBERT DE KERLOËN, officier de marine.
DIANE DE CLÈVES.
ANNETTE, femme de chambre de Diane.

La scène se passe à Paris en 1878.

LE CAP DE LA TRENTAINE

SCÈNE PREMIÈRE

ANNETTE, entrant par la gauche et portant un vase de fleurs qu'elle
dépose sur la cheminée.

Madame la marquise ne peut tarder à rentrer. Pré-
parons ses journaux, ses lettres. (*Elle tire de sa poche
lettres et journaux qu'elle place sur le guéridon, et garde
une lettre en main.*) Celle-ci arrive de Cherbourg. C'est
du côté de la mer, Cherbourg, et cette lettre me fait joliment l'effet de venir de monsieur de Kerloën, le vrai, le
seul ami de madame, celui-là... Oh! en tout bien, tout
honneur! j'en mettrais ma main au feu. Dame! c'est
que le marquis, son époux, ne la rendait pas heureuse,
ma pauvre maîtresse!.. Oh! non, pas heureuse du tout.
Par bonheur!.. (*Soupir.*) Par bonheur, il a eu un bon
mouvement une fois dans sa vie, (*Gaiement.*) il est mort.
(*Reprenant avec componction.*) Il est mort depuis près
d'une année, si bien que madame la marquise... (*Bruit
de voiture.*) Une voiture entre dans la cour. (*Elle va à la
fenêtre.*) C'est la sienne. Vite, le guéridon près de la
cheminée... ses lettres à leur place, le roman qu'elle

lit... (*Remarquant que le signet est hors du livre.*) Allons, bon! elle m'a encore démarqué ma page... je la retrouverai, ce soir, quand elle sera partie pour l'Opéra.

SCÈNE DEUXIÈME.

ANNETTE, DIANE.

DIANE

Annette, vous êtes insupportable!

ANNETTE.

Moi, madame?..

DIANE.

N'oubliez donc jamais de me demander si j'oublie quelque chose, quand je sors. Ce matin encore, vous m'avez laissée partir sans mon mouchoir.

ANNETTE.

Ah! (*Elle cherche le mouchoir de Diane.*)

DIANE.

Et pour aller à une messe de mariage encore! une cérémonie qui m'émotionne toujours.

ANNETTE, trouvant, puis lui donnant son mouchoir.

Le voilà, madame.

DIANE.

Il est bien temps! Grâce à vous, j'ai dû être affreuse à la sacristie, quand j'ai embrassé la mariée. Il n'est venu personne?

ANNETTE.

Personne, madame la marquise.

DIANE.

Jean a porté ma lettre à madame de Valnay?

ANNETTE.

Oui, madame la marquise.

DIANE.

Vous avez sa réponse?

ANNETTE.

Madame de Valnay n'était pas chez elle; mais Jean a laissé la lettre.

DIANE.

C'est bien.

ANNETTE.

Voici le courrier de madame la marquise.

DIANE, parcourant son courrier.

Des imprimés! (*Prenant et regardant la lettre de Cherbourg.*) Ah! laissez-moi.

ANNETTE, sortant, à part.

C'est bien cela.

SCÈNE TROISIÈME

DIANE, seule, ouvrant la lettre.

C'est de lui !.. enfin !.. Est-ce son retour qu'il m'annonce ?.. Mais oui... Il est débarqué hier à Cherbourg, et aujourd'hui il sera... il est à Paris. Mais alors il va venir tout à l'heure... dans quelques instants peut-être... et je ne veux être chez moi que pour lui seul. (*Elle sonne, puis reprend la lettre.*) Non, son cœur n'a pas changé, en dépit d'une absence de plus d'une année... (*Souriant.*) Il est vrai qu'il stationnait au pôle arctique, la zone la mieux cotée dans les fastes de la fidélité. (*Parcourant la lettre des yeux.*) Mais c'est singulier, il ne dit pas un mot de l'événement . . . grave survenu depuis son départ. .. non, pas la moindre allusion... Évidemment, ma dernière lettre ne lui est pas parvenue. Pauvre ami !.. Quelle va être sa surprise en apprenant... (*Elle sonne de nouveau.*) Décidément cette Annette... (*Annette entre par la droite.*)

SCÈNE QUATRIÈME

DIANE, ANNETTE.

ANNETTE.

Madame la marquise a sonné ?

DIANE.

Voilà une heure que je vous sonne.

ANNETTE.

Je vais expliquer à madame…

DIANE.

C'est inutile. Je n'y suis pour personne, excepté…

ANNETTE.

Tiens ! c'est pourtant le jour de madame.

DIANE.

Obéissez sans réflexions. Vous avez entendu : je n'y suis pour personne, excepté pour monsieur de Kerloën.

ANNETTE.

Ah ! bien, madame la marquise. (*Bruit de timbre au dehors.*)

DIANE.

Eh ! mais n'a-t-on pas sonné ?

ANNETTE.

Oui, madame la marquise , et je cours prévenir Jean qui ne sait pas… (*Elle sort par le fond.*)

SCÈNE CINQUIÈME

DIANE, seule, regardant la pendule.

Deux heures à peine ; ce ne peut être que lui. Ah ! jamais sa venue ne m'a causé une pareille émotion… Et cela se conçoit ; s'il avait changé de sentiment maintenant que… Oh ! non ! c'est impossible !..

ANNETTE, *ouvrant la porte du fond et annonçant.*

Monsieur de Kerloën.

DIANE, *à part, avec joie.*

C'est bien lui !

*Diane et Albert se saluent cérémonieusement. Annette
sort par la droite. Dès qu'elle n'est plus là, Albert
s'approche vivement de Diane, saisit la main qu'elle
lui tend et la porte à ses lèvres à plusieurs reprises.*

SCÈNE SIXIÈME

DIANE, ALBERT.

ALBERT

Chère Diane !

DIANE.

Je commençais à désespérer de vous revoir ; il y a si
longtemps que je n'avais reçu de lettre de vous !

ALBERT

Il ne faut pas m'en vouloir ; le service des dépêches
laisse tant à désirer dans les mers polaires !

DIANE.

Par bonheur, j'ai eu quelquefois de vos nouvelles par
votre Ministre, un vieil ami de ma tante. Il m'a rassu-
rée sur votre compte... Il paraît vous aimer beaucoup,
ce cher amiral. Il vous citait comme ayant été décoré
un des plus jeunes parmi les officiers de marine, à vingt-
quatre ans, pendant la guerre.

ALBERT.

Il aurait même pu dire à vingt-trois.

DIANE.

Comment? mais alors vous n'avez même pas vingt-
neuf ans?

ALBERT.

Je les aurai le mois prochain.

DIANE.

Ah! le mois prochain! (*Soupirant.*) Comme vous êtes
jeune, mon ami!

ALBERT.

Ce qui ne m'empêche pas d'être votre aîné, car chacun
sait que la marquise de Clèves est dans tout l'éclat de
ses vingt-sept ans.

DIANE, à part.

Hum! (*Haut.*) Sans doute! sans doute!.. mais il ne
s'agit pas de moi. Parlons de vous, racontez-moi vos
voyages, vos aventures.

ALBERT, souriant.

Elles n'ont rien de piquant, mes aventures. J'ai vécu,
tantôt avec les ours blancs dont la compagnie me faisait
parfois regretter les hommes, et tantôt avec les Esqui-
maux dont la société, en revanche, me faisait toujours
regretter les ours. J'ai fait des études hydrographiques,
géologiques et géographiques, et j'ai constaté, par expérience personnelle, que l'homme peut vivre au 82° degré
de latitude nord, par 40 degrés de froid. Ma seule

distraction, ma seule joie, c'était, oubliant le présent, de plonger mes regards dans le passé, et surtout dans l'avenir : dans le passé où je commençais à vous distinguer des autres femmes; dans l'avenir, où je ne voyais plus que vous seule. Telles sont mes aventures ! Maintenant causons de vous, de vos amis. Enfin des nouvelles, marquise, des nouvelles... j'ai soif de nouvelles !

DIANE

Vous n'avez pas reçu ma dernière lettre ?

ALBERT

La dernière m'est parvenue à Terre-Neuve, il y a dix mois.

DIANE, à part.

Dix mois ! Tout s'explique. (*Bas et comme gênée.*) Sachez donc...

ALBERT, qui n'a pas entendu.

Que devient la belle madame d'Arthès ?

DIANE

Elle est entrée en dévotion.

ALBERT

Bah ! et depuis quand ?

DIANE

Depuis que son mari est entré dans le corps de ballet.

ALBERT

Pauvre petite femme ! Et notre gentille amie, madame de Valnay, qu'une séparation judiciaire avait si heureusement soustraite à son affreux mari ?

DIANE

Valentine ? Mais votre ami, monsieur de Cardoval, lui demeure plus que jamais attaché.

ALBERT

Ah ! ah !

DIANE

Oh ! les convenances sont strictement sauvegardées, et le monde, touché de son malheur passé, ferme les yeux sur son bonheur présent, bonheur irrégulier sans doute, mais si discret, si discret, qu'on n'a pas le courage de lui demander ses papiers.

ALBERT

Et le mari ?

DIANE

Il ne peut pas se consoler du jugement qui lui a enlevé sa victime.

ALBERT

Hélas ! pourquoi semblable jugement ne vous délivre-t-il pas ?

DIANE

Taisez-vous !

ALBERT

Est-ce que votre mari se serait amendé ?

DIANE

Mon ami...

ALBERT, *vivement*.

Ah ! j'ai encore le vivant souvenir de sa dernière impertinence à votre égard.

DIANE

Que voulez-vous dire ?

ALBERT

Rappelez-vous : c'était la veille de mon départ, j'étais venu vous dire adieu et notre entretien n'était pas gai, ma pauvre amie. Tout à coup, monsieur de Clèves paraît, le cigare aux lèvres, l'air arrogant que vous savez, et ce monsieur, qui sortait de chez mademoiselle Toto ou de chez mademoiselle Tata, ne s'avise-t-il pas de trouver ma visite singulière, et cela d'un ton tellement agressif...

DIANE, *rêveuse*.

Oui, je me souviens.

ALBERT

Ah ! ce soir-là, marquise, je crus avoir trouvé l'occasion, soit de me faire tuer par lui, soit de vous en débarrasser une bonne fois.

DIANE

Silence, vous dis-je !.. monsieur de Clèves... mon mari...

ALBERT

Eh bien ?

DIANE

Monsieur de Clèves n'est plus.

ALBERT

Quoi ! il se pourrait ?.. (*Gaillardement.*) Ah ! il est mort, monsieur de Clèves !

DIANE

Depuis près d'une année.

ALBERT

Depuis près... (*Souriant.*) Alors, marquise, vous n'exigerez pas de moi des compliments de condoléance.

DIANE

Prenez garde.

ALBERT

Voyons, sa conduite envers vous...

DIANE

Ne me dispense pas de respecter sa mémoire, sa fin prématurée.

ALBERT

Moi aussi, je la respecte, je la bénis même, sa fin prématurée.

DIANE

Encore !

ALBERT

Pardon. Vous avez raison : paix à la tombe. Ne parlons que de vous, ma chère Diane, de cet événement si... (*Geste de Diane.*) considérable, et que nous étions si loin de prévoir, dans cette douloureuse soirée où je vous faisais mes adieux et où notre triste causerie n'était interrompue que par des silences plus tristes encore.

(*Il a ouvert l'album qui est sur le guéridon.*) Tenez, souvenez-vous... c'est pendant une de ces rêveries muettes que nous feuilletions cet album et que nos regards s'arrêtèrent sur un délicieux paysage de la Suisse, la vallée de Zermatt, je crois, et nous voilà, oubliant un instant le présent, et rêvant voyage et solitude à deux. La tentation devint bientôt si pressante que nous serions peut-être partis le soir même...

DIANE

Si je n'avais eu plus de raison que vous.

ALBERT

Eh bien, ce rêve, marquise, nous pouvons le réaliser aujourd'hui et partir vers ces vallées enchantées. Et là, dans une retraite ignorée de tous, loin des regards indiscrets ou jaloux, nous irons abriter notre amour.

DIANE

Vous dites ?

ALBERT

Je dis que, loin des regards indiscrets ou jaloux, nous irons abriter...

DIANE, l'interrompant.

Et vous n'oubliez rien dans ce programme séduisant ?

ALBERT

J'oublie quelque chose ?

DIANE

Un détail, monsieur de Kerloën ; vous oubliez de me demander ma main.

ALBERT

Ah ! votre...

DIANE, se levant.

Ainsi, monsieur, vous dites que vous m'aimez et, lorsque je vous apprends que je suis libre, vous ne trouvez rien de mieux à me proposer qu'un amour furtif et clandestin !

ALBERT

Hein ?

DIANE

Je ne croyais pas que ma conduite avec vous eût jamais dû m'exposer à un pareil affront.

ALBERT

Mais sapristi, marquise, vous me faites dire des choses qui sont à mille lieues de ma pensée ! je ne songeais nullement... je n'avais pas réfléchi... Enfin, récapitulons : J'arrive, ce matin, du pôle Nord, et mon premier soin est d'accourir chez vous, plus épris que jamais ; je vous retrouve, toujours la même, m'attendant, comme jadis, auprès de cette petite table, témoin de nos rêves d'autrefois. Tout à coup vous m'apprenez que ces rêves sont devenus réalisables, que vous êtes veuve, que vous êtes libre... Puis, je ne sais comment, nous arrivons à parler de la Suisse, de la vallée de Zermatt, de ce voyage qui nous tentait si fort autrefois... Que voulez-vous ? dans ma joie je reprends la conversation... où nous l'avions laissée, l'an dernier, et je vous dis : Partons pour Zermatt !.. en oubliant totalement de vous parler d'un mariage, auquel il nous était alors interdit de songer.

DIANE

Avouez au moins que la distraction est un peu forte.

ALBERT

Eh ! mon Dieu ! je ne le nie pas. Mais il ne faut pas non plus être trop sévère pour un pauvre marin, qui a vu tant de peuples divers, tant d'usages et de mœurs contradictoires !.. Tenez, marquise, savez-vous, qu'à l'heure qu'il est, le mariage, comme nous le comprenons en Occident, est parfaitement inconnu dans une notable portion du globe, et qu'en Australie, par exemple, aux îles Mariannes, au Fidji, cette noble institution passerait pour un attentat à la fière liberté de l'homme sauvage.

DIANE

Fi ! quelle horreur !

ALBERT

Parfaitement juste. Mais quand on coudoie trop longtemps ces horreurs-là, voyez-vous, elles finissent par troubler nos plus respectables croyances, et, à leur contact, le plus honnête homme du monde est exposé à oublier complétement les exigences du monde civilisé. Mais, dès l'instant que vous me les rappelez, ces exigences, je m'y conforme de tout cœur. Ne savez-vous pas que je suis tout à vous, corps et âme, main droite et main gauche ? Les lois sociales veulent que nous passions par la mairie avant d'aller en Suisse, passons par la mairie, marquise, et passons-y le plus tôt possible !.. (*En disant cela, il a ganté sa main droite qu'il tend à Diane d'un air suppliant.*) Voyons, vous ne m'en voulez plus ?

DIANE

Allons, monsieur, il vous sera beaucoup pardonné, parce que vous avez beaucoup... voyagé. (*Elle lui donne la main.*)

ALBERT, lui baisant la main.

Vous êtes adorable !.. Et maintenant, ne perdons pas une journée, et occupons-nous des formalités indispensables.

DIANE

Quelles formalités, mon ami ?

ALBERT

Vous vous rappelez bien ?

DIANE

Je me rappelle très-bien la cérémonie à l'Église, l'orgue qui saluait notre entrée de ses accords divins, la foule qui s'inclinait à notre passage, l'encens qui embaumait l'air de son parfum céleste.

ALBERT

Je ne vous parle pas de cela.

DIANE

Je me souviens aussi de la petite cérémonie accessoire que nous avons subie, la veille, à la mairie.

ALBERT

Permettez, l'importante cérémonie, puisque c'est elle qui a sanctionné votre mariage.

DIANE

Eh bien ! elle n'en est pas plus gracieuse pour cela. Imaginez une grande salle froide, mal éclairée, et encore plus mal meublée ; puis, l'entrée dans cette salle d'un petit homme obèse, grêlé, et ceint d'une écharpe, et qui, après nous avoir salués légèrement... comme cela... s'est mis en mesure de nous marier. Et, à ce propos, il m'adressait le discours le plus saugrenu... Il me disait que je devais protection...

ALBERT

Hein ?

DIANE

Je me trompe, obéissance à mon mari.

ALBERT

Article 213.

DIANE

Il ajoutait fidélité...

ALBERT

Dame !

DIANE

Il est des choses qui vont de soi, sans qu'il soit besoin de les dire. Moi, j'ai trouvé la recommandation inconvenante, surtout me venant d'un monsieur que je ne connaissais pas du tout.

ALBERT, riant.

Eh bien ! ma pauvre Diane, vous serez obligée de repasser par ces inconvenances, comme vous dites ; mais auparavant, il faut...

DIANE

Que faut-il encore ?

ALBERT

Il vous faut l'acte de décès de votre mari.

DIANE, vivement.

Je l'ai.

ALBERT

Parfait. Il vous faut aussi votre acte de naissance.

DIANE

Mon acte !.. Ah ! il faut...

ALBERT

Vous savez bien ?

DIANE

Pas trop, j'étais si jeune quand j'ai épousé monsieur de Clèves. Et puis, c'est ma famille qui s'est occupée de ces détails.

ALBERT

Sachez donc que votre acte de naissance est un détail indispensable... Vous l'avez, n'est-ce pas ?

DIANE

Sans doute, je dois l'avoir; je le chercherai demain, plus tard, nous avons le temps.

ALBERT

Non pas. Pour moi, je veux m'assurer, ce matin même, qu'aucun de mes papiers ne me manque, et je vais, de ce pas, chez maître Raimbaut, mon notaire.

DIANE

Tiens ! c'est aussi le mien.

ALBERT

Bravo ! nous pouvons combiner nos démarches et gagner du temps. Vous permettez que je vous quitte ?

DIANE

Sitôt ?

ALBERT

Je ne vous dis pas adieu. Vous prenez toujours le thé à quatre heures ? Oui ? Eh bien, à quatre heures, je serai ici. (*Lui baisant la main.*) Au revoir, madame de Kerloën.

(Il se dirige vivement vers le fond.)

DIANE

Mais, mon ami...

ALBERT

Au revoir. (*Il sort.*)

DIANE

Mais... Ah ! il part sans rien entendre...

SCÈNE SEPTIÈME

DIANE, seule, se dirigeant vers un chiffonnier.

Assurément, je l'ai ce papier, cet acte indispensable... et... (*Elle prend un papier dans un tiroir.*) Le voilà... (*Lisant.*) « Extrait du registre des actes de l'état civil. Cejourd'hui, 21 octobre mil huit cent... » (*Elle s'arrête brusquement et froisse l'acte.*) C'est une chose bien grave que le mariage. Tout d'abord on n'aperçoit pas sa gravité ; mais, pour peu qu'on réfléchisse... Qui me répond que monsieur de Kerloën, aujourd'hui si tendre, gardera cette délicatesse d'affection, quand il sera mon seigneur et maître, de par la loi. Ah! c'est très-grave, très-grave!.. et tellement grave que... (*Elle met l'acte dans sa poche.*) Mais si je dis non, maintenant que j'ai dit oui, et qu'il est allé chercher ses... fameux papiers, que va-t-il penser de moi? Il me regardera comme une folle ou comme une coquette, et je ne veux pas qu'il puisse avoir de moi une pareille opinion. D'ailleurs, je l'aime, il m'aime aussi, j'en suis sûre... Mais quelle terrible situation, mon Dieu!.. (*Après un silence.*) Je sais bien qu'il n'avait pas d'idées très-arrêtées sur la forme que devait prendre notre bonheur... elles étaient même... très-larges, ses idées à cet égard... et elles nous affranchissaient de bien des soucis... bien des soucis... (*Bruit et éclats de rire dans la coulisse.*) Eh bien? (*Elle sonne. Annette entre par la droite.*) Quels sont ces rires, mademoiselle?

SCÈNE HUITIÈME

DIANE, ANNETTE.

ANNETTE, riant malgré elle.

J'en demande bien pardon à madame la marquise. C'est Pierre, le cocher, qui vient de recevoir un si beau soufflet!..

DIANE

Un soufflet?

ANNETTE

De Catherine, la cuisinière.

DIANE

Que signifie ? Et à quel propos Catherine s’est-elle permis ?..

ANNETTE

C’est Pierre qui, parce qu’elle a trente ans aujourd’hui, l’avait traitée de vieille femme.

DIANE, à part.

De vieille femme ! (*Haut.*) Pierre est un insolent et un brutal.

ANNETTE

Oui, madame la marquise, un brutal, et Catherine une bête, de dire son âge.

DIANE, négligemment.

Ah ! vous pensez qu’une femme ne doit pas dire ?

ANNETTE

Jamais, madame la marquise. Jamais !

DIANE

Ah!.. Et pourquoi cela?

ANNETTE

Dame !.. si une femme a l’âge qu’elle paraît, c’est inutile; si elle paraît plus, on ne la croira pas et on dira qu’elle veut se rajeunir; enfin si elle paraît moins, il est bien clair qu’elle a tout intérêt à se taire.

DIANE

Vous raisonnez à merveille.

ANNETTE

Madame la marquise sait bien qu'il suffit d'être femme pour trouver ces choses-là.

DIANE

Vous servirez le thé dès que monsieur de Kerloën reviendra.

ANNETTE

Bien, madame la marquise. (*Elle remonte.*)

DIANE, se croyant seule.

Cette fille a un bon sens naturel qui est vraiment prodigieux.

ANNETTE, revenant.

Ah! j'avais oublié de remettre à madame la marquise cette lettre que l'on vient d'apporter.

DIANE, après avoir regardé la suscription.

(*A part.*) C'est de Valentine. (*A Annette.*) Allez. (*Annette sort par la gauche.*) — (*Lisant.*) « Ma chère « Diane, tu es la plus aimable des amies, mais tu comprendras que je n'accepte pas la place que tu m'offres, « ce soir, dans ta loge, puisque monsieur de Cardoval « est au nombre de tes invités. Pour que le monde « continue à me pardonner mon bonheur, il faut « que ce bonheur continue à rester discret et caché. » (*Parlé.*) Son bonheur! Il paraît que le bonheur n'a pas besoin d'avoir été consacré par les autorités officielles. (*On frappe à la porte du fond.*) Entrez. (*Albert entre.*) Vous, déjà!

SCÈNE NEUVIÈME

DIANE, ALBERT.

ALBERT

Ah! marquise, voilà un « déjà » qui me récompense mal de l'empressement que j'ai mis...

DIANE

Pardonnez-moi, mon ami, mais j'ai... j'ai un peu mal à la tête. Cette journée a été si remplie d'événements!.. votre retour d'abord, l'émotion qu'il m'a causée; puis, cette demande en mariage, à brûle-pourpoint...

ALBERT, surpris.

Comment!

DIANE

Le mariage est une chose si grave! Et j'en ai déjà fait une si triste épreuve que l'idée d'en conclure un second ne pouvait manquer d'éveiller en moi des souvenirs douloureux et des appréhensions...

ALBERT

Un instant, marquise! je vous accorde les souvenirs douloureux, qui s'adressent à votre défunt mari; mais permettez-moi de protester contre les appréhensions, qui s'adressent à moi.

DIANE

Oui, je sais que votre cœur est bon, et qu'avec vous je n'aurai rien à redouter, même à l'heure fatale où

votre passion, sinon éteinte, du moins refroidie par
le mariage...

ALBERT

Comment, refroidie?..

DIANE

Calmée, si vous l'aimez mieux, calmée... fera place à
un sentiment, toujours affectueux sans doute, mais
moins... c'est-à-dire plus... tempéré.

ALBERT

Ah! ça, que signifie?

DIANE

Eh! n'est-ce pas là le résultat fatal de cette sage
institution que l'on nomme le mariage? Il tue l'amour,
plus ou moins lentement, mais infailliblement...

ALBERT

Pardon, marquise; mais, si je vous comprends bien,
vous êtes en train de reprendre votre parole et de me
donner mon congé.

DIANE

Mais non.

ALBERT

Pourtant, si vous ne voulez plus me donner votre
main... après l'anathème que vous avez fulminé tantôt
contre les liaisons... incorrectes, il est clair que je n'ai
plus qu'à prendre mon chapeau et le chemin de...

DIANE

Mais encore une fois, mon ami...

ALBERT

Alors, expliquez-moi... (*Subitement.*) ou plutôt non, c'est inutile, je devine, ah! je devine!

DIANE, à part.

Enfin! il devine!

ALBERT

Oui, c'est évident, ce subit changement de front, ces attaques contradictoires contre les deux seules façons que possède notre pauvre humanité de s'aimer et de se le prouver... autant de faux fuyants! autant de pré-textes pour me faire comprendre que vous ne m'aimez plus, que vous en aimez un autre!

DIANE, à part.

Hein? mais il n'a rien deviné du tout, le malheureux!

ALBERT

Marquise, j'ai un rival! mais...

DIANE

Mais vous êtes fou!

ALBERT

Lorsque je suis entré, vous lisiez une lettre, que vous avez cachée furtivement.

DIANE

Cette lettre est d'une femme, mon ami.

ALBERT, incrédule.

Oh! d'une femme!..

DIANE

De Valentine de Valnay, dont nous parlions tout à
l'heure.

ALBERT

Alors, cette lettre, vous pouvez me la montrer?

DIANE, la lui donnant.

La voilà.

ALBERT

Pardon, je vous crois... (*Voulant lui rendre la lettre.*)
et il est inutile...

DIANE

Non pas; c'est moi, maintenant, qui désire que vous
la lisiez.

ALBERT

Mais...

DIANE

Je le veux. (*Albert fait un mouvement pour ouvrir la
lettre.*) Et comme je ne tiens pas à jouir de votre confusion, je vous laisse.

ALBERT

Diane !..

DIANE

J'ai à répondre à cette lettre. — A tout à l'heure.
Lisez, grand enfant, lisez. (*Elle sort.*)

SCÈNE DIXIÈME

ALBERT, seul.

Puisqu'elle le veut, lisons. (*Il ouvre la lettre.*) C'est bien de madame de Valnay. (*Il lit.*) « Ma chère Diane, « tu es la plus aimable, etc., etc. (*Il marmotte un ins-« tant. Lisant.*) Pour que le monde continue à me par-« donner mon bonheur, il faut que ce bonheur continue « à rester discret et caché. Il vaut bien d'ailleurs tous les « sacrifices que je puis lui faire, car il est profond, ab-« solu... Je continue à être la plus adorée, la plus heu-« reuse des femmes, après avoir été la plus infortunée « des épouses. » (*Parlé.*) Tiens! tiens! serait-ce cette lettre qui aurait mis la marquise en si fâcheuse humeur contre le mariage, et (*Riant.*), toute réflexion faite, pré-férerait-elle aller en Suisse sans passer par..? Oh! non... Pourtant, son embarras tout à l'heure, son étrange conversion, ses attaques contre le mariage... c'est évi-dent. Mais pourquoi ce revirement si subit? La cause? Le motif? (*Diane rentre.*) La voici. Oh! je saurai bien.

SCÈNE ONZIÈME

ALBERT, DIANE.

DIANE

Êtes-vous rassuré, affreux jaloux?

ALBERT

Complétement. J'étais fou, et je vous demande hum-blement pardon. (*Il lui rend la lettre.*)

DIANE

Vous l'avez lue ?

ALBERT

Oui, oui, oui.

DIANE

Tout entière ?

ALBERT

Tout entière. (*Observant Diane avec attention.*) Et j'ai pris une vive part au bonheur de cette charmante madame de Valnay... avec mon ami Maurice... Bonheur que je comprends très-bien, du reste.

DIANE

Ah ! vous avez compris ?

ALBERT

Je le crois, du moins... Ils ont réalisé tous deux le mariage idéal... (*Diane approuve de la tête.*) celui que l'amour et non la loi, la froide loi, fait réellement indissoluble... (*Même jeu de Diane.*) (*A part.*) C'est bien cela. (*S'asseyant auprès d'elle. Haut.*) Mais revenons à ce qui nous concerne. Dites-moi, marquise, si nous reparlions de notre voyage en Suisse ?

DIANE

Dans cette délicieuse vallée de Zermatt ?

ALBERT

Dans cette délicieuse vallée-là... seulement, je vous ferai remarquer que nous voici demain au premier septembre, le dernier mois que l'on puisse raisonnablement passer en Suisse; il n'y aurait donc pas un instant à perdre.

DIANE, rêveuse.

Vous croyez que nous n'avons pas un instant...

ALBERT, à part.

C'est tout à fait cela. (*Se rapprochant d'elle et lui prenant la main. Riant.*) Et quand je pense que j'ai forcé maître Raimbaut, qui avait de la besogne par-dessus la tête, à me livrer, séance tenante...

DIANE

Ah! oui, toujours vos fameux papiers!

ALBERT, se levant.

Mes fameux papiers. (*Il fouille dans sa poche.*) Mon extrait de naissance qu'il m'a remis sur-le-champ... ainsi que le vôtre, marquise.

DIANE, se levant vivement.

Le mien!.. Comment, le mien!

ALBERT, cherchant dans sa poche.

Oui, je l'ai pris aussi, tant j'avais hâte de précipiter les choses... (*Plus bas.*) Mais à présent que...

DIANE, du ton le plus naturel.

A présent, je suis de votre avis, Albert, nous n'avons pas un instant à perdre. Puisque nous avons nos papiers, je crois que nous n'avons plus qu'à en finir, le plus vite possible, avec toutes ces formalités indispensables au mariage.

ALBERT, ébahi.

Vous dites?

DIANE

Je dis que nous n'avons plus qu'à en finir le plus vite
possible avec...

ALBERT

J'entends bien... mais j'avais cru...

DIANE

Ah! oui... oui... sans doute, le mariage a ses incon-
vénients, ses ennuis, ses dangers même... mais quand on
se connaît, comme nous, depuis plusieurs années; quand
on a eu le temps de s'apprécier de part et d'autre, il
devient moins périlleux, il offre même les seules garan-
ties de bonheur.

ALBERT

Loin de moi l'idée d'y contredire; mais il m'avait
semblé, tout à l'heure, que...

DIANE

Que?..

ALBERT

Que vous préfériez...

DIANE

Quoi donc, mon ami?

ALBERT

... Rien! Enfin, nous passons par la mairie pour aller
en Suisse?

DIANE, avec dignité.

En avez-vous jamais douté, monsieur?

ALBERT

Moi?.. (*Avec résolution.*) Jamais, marquise!.. jamais!
(*A part.*) Je n'y comprends plus rien du tout!

ANNETTE, paraissant à la porte latérale.

Madame la marquise est servie. (*Elle sort.*)

ALBERT, offrant d'abord le bras gauche à Diane.

Marquise. (*A part.*) Ah! non, au fait! (*Lui offrant le
bras droit. Ils se dirigent vers la porte.*) Marquise...
Ah! mais, à propos, je ne vous ai pas remis l'extrait de...
votre extrait de naissance... (*Lui remettant un pli ca-
cheté.*) et le voici.

DIANE, après avoir regardé le cachet qui est intact.

Vous ne l'avez pas lu?

ALBERT

Non, sans doute.

DIANE

Vous ne... (*A part.*) Mais alors... (*Après un moment
de lutte intérieure, changeant de ton et avec résolution.*)
Eh bien! lisez-le, et celui-ci. (*Elle lui rend le pli.*) et
celui-là!.. (*Elle lui donne l'acte qu'elle avait en poche.*)
Mais lisez donc, monsieur, lisez donc!

ALBERT

Pourquoi voulez-vous?

DIANE

Pourquoi? Il le demande! mais parce que je veux

être sûre de ne plus succomber à la tentation ; sûre de
ne plus aller en Suisse, en droite ligne, afin de vous
cacher...

ALBERT

Me cacher quoi ?

DIANE

Que je suis votre aînée, et que je suis une vieille
femme ; qu'en un mot, j'ai trente ans, depuis hier,
comme Catherine.

ALBERT

Catherine ?

DIANE

Oui trente ans, je vous en fais l'aveu, à vous, l'aveu
complet et sans réserve... Mais ce n'est pas une raison
pour le crier sur les toits.

ALBERT

Comment ! c'était ?.. Oui, tout s'explique... (*Montrant
l'acte de naissance.*) et voilà le fin mot, le cap de la
trentaine !

DIANE

Hélas !

ALBERT

Encore ! Êtes-vous enfant ! mais sachez donc que cette
trentaine, dans laquelle vous faites difficulté d'entrer,
vous n'y serez pas plus tôt installée que vous ne voudrez plus en sortir.

DIANE

Mauvais !

ALBERT

Votre bras, marquise. (*Ils se dirigent vers la porte de
gauche.*)

Le rideau tombe.

L'ANDALOUSE

Comédie en un acte

Par M. Alfred BILLET

PERSONNAGES

LE COMTE, 35 ans, CHEF D'ESCADRONS.
MARTIAL, SON ORDONNANCE.
LA TANTE OLYMPE.
LOUISA.

La scène se passe dans un hôtel à Wiesbaden.

L'ANDALOUSE

Un petit salon. Portes au fond, à droite et à gauche.

SCÈNE PREMIÈRE

LE COMTE, MARTIAL.

*Le comte, en robe de chambre, étendu sur un canapé, fume discrète-
ment, mais avec conviction, une belle pipe d'Allemagne.*

MARTIAL, *entrant.*

Mon commandant, je crois que voici madame la comtesse.

LE COMTE

Ma femme ! déjà ! (*Il donne précipitamment sa pipe à
Martial qui l'emporte, puis il chasse l'air comme pour
dissiper la fumée.*) Moi qui croyais avoir au moins une
bonne demi-heure devant moi !

MARTIAL, *rentrant.*

Non, ce n'est pas madame la comtesse.

LE COMTE

Tâche donc de voir clair, animal ! Rends-moi l'Allemande.

MARTIAL, *présentant une pipe courte et noire.*

La voici, monsieur le Comte.

LE COMTE, *la mettant à sa bouche sans la regarder.*

Je parie qu'elle est éteinte, pah!.. pah!.. Non... Mais
ce n'est pas l'Allemande, celle-ci?.. Ah! ça, qu'est-ce
que c'est que ce brûle-gueule-là?

MARTIAL

Oh! pardon, monsieur le comte... dans ma précipitation...

LE COMTE

C'est à toi!

MARTIAL

Oui, mon commandant. (*Avec modestie.*) C'est Marie-
Jeanne.

LE COMTE

Pouah! prou!.. quelle infection! maladroit! Ah! tu
te permets cela ici? toi aussi?

MARTIAL

Oh! une douzaine de petites bouffées de temps en
temps sous le manteau de la cuisine... mon commandant.

LE COMTE

Que je t'y reprenne! Allons, donne-moi l'Allemande
et, si elle est éteinte, apporte-moi la Négresse ou Victoria. Je ne rallume jamais une pipe chaude, moi.

MARTIAL

Bien, mon commandant. (*Martial sort.*)

LE COMTE

Le diable emporte cette prude de tante Olympe qui s'en va fourrer dans la tête de ma femme de m'empêcher de fumer la pipe !

MARTIAL, *rapportant la première pipe.*

Mon commandant, elle est éteinte.

LE COMTE, *prenant la pipe.*

Comment le sais-tu ?

MARTIAL

Je... je le suppose.

LE COMTE, *au moment de mettre la pipe à la bouche.*

J'aime autant ne pas m'en assurer. Donne-m'en une autre.

MARTIAL

Voici la Négresse, mon commandant.

LE COMTE, *prenant la pipe et l'allumant.*

Ah ! je donnerais bien toutes les Négresses et toutes les Allemandes du monde pour l'Andalouse que tu as eu la bêtise de laisser à la maison !

MARTIAL

Je ne pensais pas...

LE COMTE

Tu n'es pas chargé de penser... Décampe et surtout laissons Marie-Jeanne tranquille, ou je te flanque huit jours de salle de police !

MARTIAL

Suffit, mon commandant. (*A part.*) Heureusement que la salle de police ne s'emporte pas en voyage.

SCÈNE DEUXIÈME

LE COMTE, seul.

Le fait est que je n'y ai pas pensé non plus... moi. On ne pense pas à tout un jour de noces... Et puis, la tante Olympe qui m'avait fait jurer mes grands dieux ! Et puis le décorum du voyage sentimental... Pah !.. pah !.. j'aurais tenu parole... mais la fatalité s'en mêla ! La comtesse n'attrape-t-elle pas un rhume de cerveau ! Ma foi ! l'occasion était trop belle, la tentation était trop forte et... pah !.. pah !.. j'y ai succombé. (*Il fume.*) Quoi qu'en dise Aristote et sa docte cabale... il n'y a rien au-dessus d'une bonne pipe ! Ah ! ça, mais... qu'est-ce qu'elle a donc, ma petite femme, depuis deux ou trois jours ? Elle est toute maussade... toute fantasque... Est-ce que?.. je ne m'y connais guère, moi. Bah ! la tante Olympe a promis de venir nous rejoindre, elle nous dira ce qui en est. Les vieilles filles ont ceci de particulier qu'elles s'entendent souvent très-bien à ces choses-là. Je ne sais pas trop quand elles les ont apprises par exemple ; mais ce qui est certain, pah !.. c'est qu'elles s'y entendent, pah ! pah !.. la science leur arrive un beau matin, comme par enchantement... En attendant, ma femme a quelque chose... elle devient farouche... elle roule des yeux sombres... Il n'y a pourtant pas de belle-mère dans la maison ?.. De ce côté du moins, mon horizon est net de tout nuage... pah ! pah !

Cependant... oui, oui, il y a la tante Olympe! La tante Olympe affecte certaines allures maternelles!.. Quel besoin a-t-elle de nous relancer ici... en pleine lune de miel... en plein voyage de noces! je vous le demande! Cette visite est absolument saugrenue. N'aurai-je évité la belle-mère que de nom? (*Un temps.*) Ces vagues indices d'une hostilité sourde... eh parbleu! c'est l'approche de la tante Olympe! Ces influences-là sont tellement subtiles et pernicieuses, qu'elles s'exercent à distance comme le magnétisme. Eh bien, je me demande ce que ce sera quand nous l'aurons ici, la tante!

SCÈNE TROISIÈME

LE COMTE, MARTIAL.

MARTIAL, de la porte du fond qu'il entr'ouvre.

Mon commandant, on a éternué dans l'escalier.

LE COMTE, vivement.

Éternué! c'est la comtesse!

MARTIAL, après avoir regardé derrière la porte.

Madame la comtesse est avec une autre personne...

LE COMTE

(*Il regarde derrière la porte et rentre vivement.*) Sacrebleu! c'est la tante Olympe! (*Donnant la pipe à Martial.*) Tiens! cache ça! si elle me voyait en tête-à-tête avec cette jeune personne, ce serait un cas de séparation de corps! (*Martial se retire.*) C'est que la tante Olympe n'est peut-être pas enrhumée du cerveau, elle! J'empoisonne! moi! je vais me changer de fond en comble. (*Il fouette l'air avec son mouchoir et sort par la droite au moment où Louisa et la tante Olympe entrent par le fond.*)

SCÈNE QUATRIÈME

LA TANTE OLYMPE, LOUISA.

LOUISA, à part, en voyant sortir son mari.

Il se sauve! Il n'était pas seul.

LA TANTE OLYMPE

Et voilà votre petit salon? Ces appartements d'hôtel conservent toujours je ne sais quelles odeurs suspectes!.. Tu ne sens pas?

LOUISA

Non... mais je suis tellement enrhumée!

LA TANTE OLYMPE

Je t'en félicite... Atch!! ça me gagne.

LOUISA

Vous vous serez refroidie en route, ma tante.

LA TANTE OLYMPE

Tu crois?.. cependant...

LOUISA

Que vous êtes bonne et aimable, ma chère tante, d'être venue si tôt...

LA TANTE OLYMPE

Écoute... je n'y tenais plus... et me voilà ! (*Elles ôtent leurs chapeaux et leurs manteaux.*) Et vos chambres ?

LOUISA, montrant la porte de droite.

Voici la nôtre...

LA TANTE OLYMPE

Une seule... pour vous deux, n'est-ce pas ?

LOUISA

Mais... certainement.

LA TANTE OLYMPE

Oui... c'est bien... c'est bien...

LOUISA

Et voici celle que nous vous avons réservée. (*Elle montre la porte de gauche.*)

LA TANTE OLYMPE

Ah ! de ce côté ?.. n'est-ce pas un peu près de vous, cela ? Il est vrai qu'avec le salon qui nous sépare... Eh bien, voyons, ma belle... Alors tu es contente ? Causons un peu... ton mari est... il remplit ses devoirs ?

LOUISA

Mais... certainement !

LA TANTE OLYMPE

Car tu sais, ce mariage s'est fait sans mon consentement... et pourtant je suis ta marraine... mais ton père l'a voulu... toi aussi, d'ailleurs. Que pouvais-je contre trois?.. Moi, j'avais mon opinion faite sur les militaires. Dieu merci! je ne l'ai pas dissimulée... ces hommes ont des mœurs! Tu crois que cette chambre n'est pas un peu près...

LOUISA

Mais... quel inconvénient?..

LA TANTE OLYMPE

Au surplus, moi... je m'enferme. Enfin je souhaite d'avoir été mauvais prophète. Alors, ton mari... jusqu'à présent...

LOUISA, avec hésitation.

Oui, ma tante.

LA TANTE OLYMPE

Allons, tant mieux... puissé-je m'être alarmée à tort... malheureusement l'expérience n'a pas encore été bien longue... quinze jours de mariage...

LOUISA, avec un soupir.

Quatorze.

LA TANTE OLYMPE

Quatorze!.. raison de plus, et pourtant il me tardait de savoir... de m'assurer par mes yeux. Ah! ma pauvre enfant!.. Figure-toi qu'on m'a cité un jeune ménage... qui... c'est affreux!.. le mari, pendant son voyage de noces... en vérité, je n'ose pas répéter...

LOUISA, inquiète.

Eh bien? le mari...

LA TANTE OLYMPE

Eh bien, le mari... il va sans dire qu'il était militaire ce mari !.. recevait des lettres...

LOUISA

Des lettres ? de qui ?

LA TANTE OLYMPE

Oh ! de qui ? On ne me l'a pas dit, mais de qui un militaire peut-il bien recevoir des lettres, je te le demande ? Ton mari n'en reçoit pas, n'est-ce pas ?

LOUISA

Ah ! si ce n'était que cela !..

LA TANTE OLYMPE

Comment ?.. il ?.. oh ! parle !.

LOUISA

(Après un temps, avec explosion, en se jetant dans ses bras.) Ah ! ma tante, que je suis malheureuse !..

LA TANTE OLYMPE

J'en étais sûre ! Ma fille !.. Qu'y a-t-il ? Dis-moi tout, au nom du ciel !

LOUISA

Mon mari me trompe ! Il me trompe avec toutes sortes de femmes. Il me trompait pendant qu'il me faisait la cour... il me trompait la veille même de notre mariage... Il me trompe tous les jours... c'est un homme horrible !

LA TANTE OLYMPE

Mais c'est monstrueux !.. Ah ! je l'avais bien dit !..

avec toutes sortes de femmes... Comment cela? explique-
moi... tout! tout!..

LOUISA

Il me trompe avec une Andalouse, avec une Allemande, avec une fille nommée Victoria... avec toutes
les femmes de la terre!..

LA TANTE OLYMPE

C'est effroyable! mais ça ne m'étonne pas! Raconte-
moi donc...

LOUISA

Un matin... il me croyait endormie lui... mais j'avais
vos avertissements trop présents à l'esprit pour dormir,
ou plutôt je ne dormais que d'un œil et, de l'autre, j'ob-
servais mon mari; je l'entends, à travers cette porte,
dire mystérieusement à cet affreux soldat qu'il a déguisé
en valet de chambre: « Dis donc, Martial, et l'Anda-
« louse? — Monsieur le comte sait bien qu'elle est
« restée à Vincennes. — Comment, imbécile, tu l'as
« laissée là-bas? — Je croyais que monsieur le comte...
« une fois marié... — Nous allions, l'Andalouse et moi,
« vertueusement et définitivement nous séparer, n'est-ce
« pas, nigaud? »

LA TANTE OLYMPE

Est-ce possible! Qu'est-ce que j'avais dit!

LOUISA

Mon mari reprend: « C'est bon pour les premiers
« jours, toutes ces simagrées-là. — Cependant, répond
« le soldat, monsieur le comte a juré en se mariant...

« — Laisse - moi donc tranquille... est - ce que c'est
« sérieux ces serments-là?.. »

LA TANTE OLYMPE

Dieu du ciel ! Oh ! je ne veux plus en entendre davantage... et... c'est tout ?

LOUISA

Non. Ce Martial a répondu : « Oh ! mon commandant
« ne sera pas embarrassé de remplacer l'Andalouse, ici
« il y en a de toutes les couleurs. »

LA TANTE OLYMPE

De toutes les couleurs !.. Mais c'est abominable ! Et
ton mari qu'a-t-il répondu ?

LOUISA

Il a répondu tout bas : « Eh bien, va m'en chercher
une ou deux... »

LA TANTE OLYMPE

Ou deux !..

LOUISA

« Ou deux... tu sais comme il me les faut ? — Mon-
« sieur le comte ne voudrait pas essayer d'une Turque,
« pour changer?.. »

LA TANTE OLYMPE

Une Turque !

LOUISA, continuant.

« J'en ai vu de très-jolies. — Va pour une Turque !..
« Au fait, non ! C'est énorme une Turque !.. prends-
« moi une Allemande de moyenne taille, et surtout

« *motus !* et qu'on ne te voie pas rentrer ici avec elle,
« sacrebleu ! »

LA TANTE OLYMPE

Mais cet homme est un monstre ! L'imagination ne
saurait concevoir... Ma pauvre enfant ! Mais tout est
perdu ! Ton bonheur est à vau-l'eau ! ton existence... et
alors ?

LOUISA

Alors... naturellement j'ai surveillé de plus belle et
j'ai acquis la certitude que...

LA TANTE OLYMPE

Ah ! mon Dieu ! Oh c'est certain, ce n'est que trop
certain !.. un militaire et un hussard encore !..

LOUISA

Et tenez... vous n'avez pas vu cette porte qui s'est
refermée au moment où nous sommes entrées ?

LA TANTE OLYMPE

Mais si... justement... c'était ?..

LOUISA

Eh bien ! c'était lui... il n'était pas seul, j'avais entendu
des voix en montant...

LA TANTE OLYMPE

Ah ! quel malheur !.. ma pauvre Louisa... quel malheur !

SCÈNE CINQUIÈME

LA TANTE OLYMPE, LOUISA, MARTIAL.

MARTIAL.

Monsieur le comte présente ses excuses à mademoiselle, et lui fait savoir qu'il achève de s'habiller et qu'il vient dans l'instant lui présenter ses devoirs.

LA TANTE OLYMPE

C'est vous qui êtes le valet de chambre de monsieur le comte ?

MARTIAL

Pour le moment, oui, mademoiselle.

LA TANTE OLYMPE, *lui remettant une pièce de monnaie.*

Voici pour vous.

MARTIAL

Cent sous !.. Merci, mademoiselle.

LA TANTE OLYMPE

Monsieur le comte était dans cette chambre au moment où nous sommes entrées ?..

MARTIAL, *avec hésitation.*

Euh !.. oui.

LA TANTE OLYMPE

Qu'y faisait-il ?

MARTIAL, *avec embarras.*

Mais...

17

LOUISA

Répondez, Martial ! je suis votre maîtresse, moi, qu'y faisait-il ?

MARTIAL

Mais... madame la comtesse...

LOUISA

Je vous somme de me répondre !

MARTIAL, bas à Louisa.

Mais c'est que monsieur le comte... disait que si la tante Olympe le savait, ce serait un cas de séparation de corps... Madame la comtesse comprendra que...

LOUISA

Parlez, vous dis-je, il était en tête-à-tête avec Victoria, n'est-ce pas ?

MARTIAL

Oh ! du moment où madame sait... jusqu'à leurs noms...

LA TANTE OLYMPE

Est-ce possible ? vois-tu !

LOUISA

Le misérable !

MARTIAL

Ah ! madame, il n'y a pas de ma faute... j'ai assez fait de morale à monsieur le comte. « Comment, monsieur le comte, que je dis — respectueusement — vous qui avez le bonheur de posséder un petit brin de femme, — faites excuse, madame la comtesse, — tout ce qu'il y a de distingué, et à qui vous avez juré de... — Eh ! qui

dit, elle ne le saura pas, fiche-moi la paix ! » Que voulez-
vous ? c'est plus fort que lui, l'habitude ! d'abord, moi,
je ne saurais pas m'en passer non plus, voyez-vous ! Ah !
mais non ! quoique ça, madame la comtesse fait erreur...

LOUISA

Je me trompe ? Mais dites-le donc !

MARTIAL

Madame la comtesse ne me trahira pas ?.. Ce n'est
pas Victoria que monsieur le comte...

LOUISA

Alors c'était l'Allemande, ou la Turque !

MARTIAL

Non, c'était la Négresse.

LA TANTE OLYMPE

La Négresse à présent !

LOUISA

La Négresse !

LA TANTE OLYMPE

Mais c'est révoltant !

LOUISA

Et alors il les aime toutes indistinctement ? Pour lui,
l'une vaut l'autre. Il n'y en pas une qu'il préfère ?

MARTIAL

Oh ! que si... c'est l'Andalouse !

LOUISA

Ah ! c'est l'Andalouse ?..

MARTIAL

Oui, madame la comtesse; mais elle le mérite, il faut être juste!

LOUISA

Est-ce qu'elle est plus belle que les autres? que l'Allemande, par exemple?

MARTIAL

Plus belle! c'est comme si madame la comtesse allait comparer une lame d'épée avec une... saucisse!

LOUISA

Comment est-elle?

MARTIAL

Oh! elle est bonne! elle est douce... d'une finesse! Et, avec ça, du montant, du piquant, et ça s'allume! ça s'allume!

LOUISA

Est-ce qu'elle est réellement Espagnole?

MARTIAL

Du tout! c'est une Parisienne. Monsieur le comte l'a nommée l'Andalouse, parce qu'elle est admirablement brune avec des reflets d'ambre... Ah! c'est celle-là qui est... faite! artistement!.. une ligne nette... franche! et un galbe!

LA TANTE OLYMPE

Vous l'avez donc vue?

MARTIAL

Un peu! je l'ai même... hum!.. (*Il s'interrompt comme ayant trop parlé.*)

LA TANTE OLYMPE

Comment vous l'avez?..

MARTIAL

Moi! jamais!.. jamais! si mon commandant pouvait supposer une chose pareille, il me passerait son sabre à travers le ventre! Ce que je dis, c'est d'après lui!.. Ah! monsieur le comte a bien raison d'y tenir! il ne la remplacera jamais! Dans ce pays-ci, voyez-vous, mademoiselle Olympe, il n'y a que de véritables pots à tabac... pas de grâce, pas de tournure, pas de saveur, pas de chic et enluminées comme des images à quatre sous.

LA TANTE OLYMPE

Moi, ce qui me renverse, vois-tu... c'est la Négresse.

MARTIAL

Je suis de l'avis de mademoiselle... je n'en voudrais pas, parole d'honneur! non! D'ailleurs, moi, j'ai la mienne, bien entendu. Marie-Jeanne! une solide gaillarde! Elle a fait toutes mes campagnes... Voyez-vous, après l'Andalouse... c'est Marie-Jeanne! (*Il envoie un baiser dans l'espace.*)

LOUISA

C'est bien... mon ami... allez... laissez-nous.

SCÈNE SIXIÈME

LA TANTE OLYMPE, LOUISA.

LA TANTE OLYMPE

Eh bien! c'est inimaginable! c'est... ah! je ne sais plus ce que c'est... Vois-tu enfin ce que sont ces sol-

dats? mais c'est-à-dire que je ne le savais pas moi-même!
Non! non, je ne m'en doutais pas!

LOUISA

Est-ce assez d'horreur!

LA TANTE OLYMPE

Quelle infamie!

LOUISA, pleurant.

Ha! ha! ha!

LA TANTE OLYMPE, même jeu.

Ho! ho! ho! Que vas-tu devenir!.. (*En voyant entrer
le comte, elles poussent un cri d'effroi et disparaissent
par la porte de gauche, en la fermant violemment sur
elles.*)

SCÈNE SEPTIÈME

LE COMTE, seul.

Ma chère tante... que c'est donc aimable à vous de...
Eh bien! qu'est-ce qu'il leur prend? (*Allant à la porte de
gauche.*) Louisa... c'est moi?.. peut-on entrer? Qu'est-ce
que ça signifie? Ça commence déjà bien! (*Allant à la
porte du fond.*) Martial! eh Martial!

SCÈNE HUITIÈME

LE COMTE, MARTIAL, LA TANTE OLYMPE, derrière la porte.

Pendant que le comte appelle Martial, et l'attend à la porte du fond,
la tante Olympe entr'ouvre celle de gauche.

LA TANTE OLYMPE, à Louisa, dans la coulisse.

Il faut que je sache ce qu'ils vont se dire... tout cela
me semble tellement exorbitant !..

LE COMTE, à Martial qui entre.

Tu as vu ces dames ? tu leur as parlé ?

MARTIAL

Oui, monsieur le comte.

LE COMTE

Qu'est-ce qu'elles ont ?..

MARTIAL

Monsieur le comte...

LE COMTE

Parle !

MARTIAL

Eh bien ! ces dames savent tout !

LE COMTE

Tout ?

MARTIAL

Tout. (*Il fait le geste de fumer la pipe.*)

LE COMTE

Allons, bon! Ah! si tu as eu le malheur de dire un mot, toi...

MARTIAL

Je n'ai rien dit, mon commandant. Mais quand j'ai vu qu'elles savaient tout, jusqu'à leurs petits noms, dame!

LA TANTE OLYMPE, à Louisa, dans la coulisse.

Ah! ma pauvre fille!

LE COMTE

Et comment ont-elles pris la chose?

MARTIAL

Mal, mon commandant. La vieille a même dit que c'était révoltant!

LA TANTE OLYMPE, à part.

La vieille!

LE COMTE

Révoltant! La voilà déjà! Révoltant pour une peccadille!

LA TANTE OLYMPE, à part.

Une peccadille!

MARTIAL

Une bêtise, quoi!

LE COMTE

Va-t'en!

SCÈNE NEUVIÈME

LES MÊMES, moins Martial.

LE COMTE

J'en étais sûr qu'une fois la tante arrivée, adieu la paix du ménage !

LA TANTE OLYMPE, à part.

Ah ! c'est trop fort ! la paix !

LE COMTE

On n'est pas... bégueule à ce point !

LA TANTE OLYMPE, à part.

Bégueule !

LE COMTE

J'aurais, parbleu ! bien fait de ne pas me déranger et de continuer tranquillement !

LA TANTE OLYMPE, à Louisa.

Tu l'entends, Louisa ! il aurait bien fait de continuer tranquillement.

LE COMTE

A son nez et à sa barbe !

LA TANTE OLYMPE

A mon nez et à... Oh !

LE COMTE

Et je vais en attaquer une autre ! ici même. (*Il sort.*)

SCÈNE DIXIÈME

LA TANTE OLYMPE, LOUISA.

LA TANTE OLYMPE, à Louisa.

Il va en attaquer une autre ! sous nos yeux! Ah! partons, partons ! Oh! quel monstre ! mais quel monstre !

LOUISA, entrant.

Oui partons, partons vite !

LA TANTE OLYMPE

Mon sac... mon sac...

LOUISA

Oui, mon sac... mon sac...

LA TANTE OLYMPE

Heureusement que mon bagage est resté à la gare...
où est ton sac?

LOUISA

Quel sac? Ah oui!.. voici votre chapeau.

LA TANTE OLYMPE

Donne... non, c'est le tien...

LOUISA

Tenez, voici mon sac...

LA TANTE OLYMPE

Non, c'est mon chapeau...

LOUISA

Attendez! je vais y mettre mes éponges… mes brosses…

LA TANTE OLYMPE

Dans mon chapeau ?

SCÈNE ONZIÈME

LES MÊMES, LE COMTE.

LE COMTE, qui a ouvert la porte sans être vu et qui regarde depuis un moment les préparatifs de départ.

Ah! ça, qu'est-ce que vous faites donc?

LA TANTE OLYMPE et LOUISA, ensemble, avec effroi.

Arrrh!..

LE COMTE

Encore?

LA TANTE OLYMPE, qui s'est sauvée à l'autre bout de la scène.

Ah! avec elle!

LE COMTE

Plaît-il ?

LA TANTE OLYMPE

Vous êtes seul ?

LE COMTE

Comment seul!

LA TANTE OLYMPE

Adieu!

LE COMTE

Vous partez?..

LA TANTE OLYMPE

Ah! je crois bien que nous partons!

LE COMTE, riant.

Toutes les deux! Une séparation, alors?

LA TANTE OLYMPE

Vous y pouvez compter! Ah! je l'avais bien dit qu'il fallait se garder de ces militaires comme de la peste!

LE COMTE

Et moi, je... je ne l'avais pas dit, — je suis trop bien élevé pour cela, — mais je l'avais pardieu bien pensé! qu'il fallait fuir comme un fléau les belles-mères et tout ce qui leur ressemble!

LA TANTE OLYMPE

Quoi! je devrais tolérer...

LE COMTE, à Louisa.

Voyons, voyons, Louisa, embrassons-nous, et que cette détestable plaisanterie finisse, n'est-ce pas?

LA TANTE OLYMPE

Lui offrir vos baisers, quand vos lèvres sont encore chaudes de... de...

LE COMTE

Je viens d'avaler une boîte de pastilles de menthe.

LOUISA

Ah!

LA TANTE OLYMPE

Oh !

LE COMTE

Voyons, Louisa, faut-il jurer que plus jamais de ma vie...

LOUISA

Eh ! que me font vos serments, monsieur ? n'avez-vous pas dit qu'ils n'étaient pas sérieux ? Ne les avez-vous pas violés, foulés aux pieds...

LE COMTE, en riant.

Je les ai violés... d'accord, mais il y a une circonstance atténuante !..

LOUISA

Une circonstance atténuante !

LE COMTE, à Louisa.

Puisque tu es enrhumée du cerveau ! Voyons !

LA TANTE OLYMPE

Comment ! parce que votre femme a le malheur d'avoir le bout du nez un peu rouge... vous vous croyez le droit...

LE COMTE

Rouge ou blanc, la couleur de son charmant petit nez n'y fait rien ; mais du moment où elle en a perdu momentanément l'usage, vous m'avouerez bien...

LA TANTE OLYMPE

Comment !

LE COMTE

Sans doute !

LA TANTE OLYMPE, à Louisa.

Quel rapport y a-t-il?

LE COMTE

Comment, quel rapport!

LA TANTE OLYMPE

Mais, monsieur, quand votre femme serait encore sourde, muette et aveugle, serait-ce une raison pour la tromper avec des drôlesses ?

LE COMTE

Plaît-il?

LA TANTE OLYMPE

Pour introduire dans le domicile conjugal toutes sortes de créatures abominables ?

LE COMTE

Hein? (*A Louisa.*) Louisa...

LOUISA

Oh ! ne m'approchez pas !

LE COMTE

Comment tu peux croire... toi...

LOUISA

Pensez-vous que je me ravale à vous disputer à votre Victoria ?

LE COMTE

Ma Victoria ?

LA TANTE OLYMPE

A votre Négresse!

LE COMTE, comprenant.

Ah! sacrebleu! ah! ah! ah!

LOUISA

A votre Andalouse!

LE COMTE

Ah! ah! ah!.. Ah! ah! ah!

LA TANTE OLYMPE

Il rit! tu le vois, Louisa! il rit, le monstre! Ah! ma
tête se perd! j'en ferai une maladie!

LE COMTE

Ah! ah! ah! moi aussi! le diable m'emporte!

LA TANTE OLYMPE

Le diable! mais c'est vous le diable! oui, vous êtes le
diable en personne!

LE COMTE, reprenant un sérieux affecté.

Alors vous partez décidément?

LA TANTE OLYMPE

Ah! je vous prie de le croire!

LE COMTE, à Louisa.

Alors, ma chère Louisa, nous nous séparons... après
quinze jours de mariage? C'est fini? Nous ne nous
reverrons plus jamais? C'est bien entendu?

LOUISA

Oh! jamais! jamais! (*Elle pleure.*)

LE COMTE

Eh bien ! vous avez raison. Le forfait dont je suis convaincu — car j'en suis convaincu, n'est-ce pas ? — n'est pas de ceux qu'on oublie, ni qu'on pardonne ; mais, avant de partir, laissez-moi faire amende honorable, et vous prouver la profondeur de mon repentir. (*Appelant.*) Martial !

LOUISA

Mais... quelle preuve...

LE COMTE

Après la condamnation, l'exécution ! Martial !

LOUISA

Comment ?..

LE COMTE

Et l'exécution sera complète ! Martial !

SCÈNE DOUZIÈME

LES MÊMES, MARTIAL.

LE COMTE

Martial ! avance à l'ordre ! Combien y en a-t-il ici ? pour le moment ?

MARTIAL

Mon commandant en a quatre... à lui.

LE COMTE

Et toi !

MARTIAL

Moi une.

LE COMTE

Où sont-elles ?

MARTIAL

Dans ma chambre.

LE COMTE

Va les chercher...

MARTIAL

C'est que Marie-Jeanne n'est guère en toilette...

LE COMTE

Va les chercher.

MARTIAL

Bien, mon commandant.

SCÈNE TREIZIÈME

* LES MÊMES, moins Martial.

LA TANTE OLYMPE

Dieu du ciel, que va-t-il donc faire ?

LE COMTE

Vous allez voir !

LA TANTE OLYMPE

Mais je ne veux rien voir, moi !

LE COMTE

Trop tard !

LOUISA

Armand... qu'allez-vous faire ?

LE COMTE

Les jeter par la fenêtre.

LA TANTE OLYMPE

Par la fenêtre ! mais c'est un meurtre.

LE COMTE

Parfaitement. (*Il ouvre la fenêtre pendant qu'on entend la voix de Martial disant :*) Les voici toutes, mon commandant.

LA TANTE OLYMPE, se sauvant par la gauche.

Mais il est devenu fou c'est certain ! c'est certain !

SCÈNE QUATORZIÈME

LE COMTE, LOUISA, MARTIAL.

MARTIAL entrant, pendant que Louisa se tourne de l'autre côté
pour ne pas voir.

Donnez-vous la peine d'entrer, mesdemoiselles. (*Il apporte sur un plateau des pipes de diverses formes.*)

LE COMTE, à Louisa, lui prenant les mains.

Mais regardez-les donc, les criminelles !

LOUISA

Non ! non ! où sont-elles ?

LE COMTE

Les voilà !

LOUISA

Qu'est-ce que c'est que ça ?

LE COMTE

Eh bien, voilà Victoria, voilà l'Allemande, voici la Négresse.

MARTIAL

Et voici Marie-Jeanne.

LOUISA

Comment, ce sont des pipes ?

LE COMTE

Qu'est-ce que vous croyez donc que c'était ?

LOUISA

Mais... ah ! mon Dieu ! ah ! ah ! ah ! (*Elle lui saute au cou.*)

LE COMTE

Eh bien ? quoi donc ?..

LOUISA

Mais, oh ! que je suis honteuse !.. je croyais que c'étaient des femmes.

MARTIAL

Des femmes ? Ah ! nom de nom d'une pipe ! j'y suis !.. Ah ! mille bombes ! (*Il se tord de rire.*)

LE COMTE, *avec reproche et embrassant Louisa.*

Es-tu assez folle !..

LOUISA

J'ai surtout été trop curieuse et trop soupçonneuse, ah ! j'en ai été bien punie !

MARTIAL.

Eh bien, merci, en voilà une carabinée ! Des femmes ! On serait bien reçu de parler des femmes à mon commandant depuis qu'il a la sienne ! Ah ! nom d'une trompette, Marie-Jeanne, une femme. Il y a longtemps que je l'aurais lâchée, celle-là, par exemple !

LE COMTE, *prenant les pipes.*

C'est égal, elles y passeront...

LOUISA

Non, non, non !

LE COMTE

Ah ! je l'ai juré... et cette fois...

MARTIAL.

Mon commandant, grâce pour Marie-Jeanne ?

LE COMTE, *avec force.*

Pas de grâce ! (*Il les jette.*)

LOUISA, *riant.*

Ma tante, ma tante ! venez ! demandez grâce pour Marie-Jeanne !

SCÈNE QUINZIÈME

LES MÊMES, LA TANTE OLYMPE.

LE COMTE

V'lan ! patatras ! Elles y sont !

LA TANTE OLYMPE, pendant que le comte et Martial regardent
par la fenêtre.

Elles y sont ! elles y sont ! Seigneur Dieu !

LE COMTE

Toutes !

LA TANTE OLYMPE

Comment ! comment !..

MARTIAL

Pauvre Marie-Jeanne ! elle s'est cassé la tête sur le
trottoir... bon ! voilà une voiture qui lui passe en plein
dessus !

LA TANTE OLYMPE, ahurie.

Mais... mais...

LE COMTE, à Martial.

Allons, ne pleure pas ! je te cède l'Andalouse ! es-tu
content ?

MARTIAL

L'Andalouse à moi ! quelle noce !

« Avez-vous vu dans Barcelone
« Une Andalouse au sein bruni ! »

LOUISA, au comte en l'embrassant.

Je vous en offrirai une encore plus belle pour votre fète !

LE COMTE

Et tu ne seras plus jalouse ?

LOUISA

Non ! plus jamais !

LA TANTE OLYMPE

Comment... comment...

LE COMTE

Vous voyez, ma belle tante, dès que vous n'avez plus été là, tout s'est raccommodé comme par magie. A propos, vous ne m'avez pas encore laissé le temps de vous embrasser ! bonjour ma tante ! (*Il l'embrasse.*)

La toile tombe.

SCRUPULES

Comédie en un acte

Par M. Ernest D'HERVILLY.

PERSONNAGES

M. VERDEAU.
Madame VERDEAU.
ATHANASE.
MARIETTE.

SCRUPULES

Un petit salon bourgeois. — Au milieu, entre deux fauteuils bas, un guéridon chargé de tout ce qu'il faut pour prendre du café. Sur une autre table, à côté d'une lampe abat-jour, un damier couvert de ses pions en ordre.

SCÈNE PREMIÈRE

M. VERDEAU, MADAME VERDEAU, puis MARIETTE.

M. VERDEAU, buvant son café.

Ma chère amie, tous mes compliments. Grâce à vos conseils éclairés, votre Mariette commence à rédiger le café d'une façon très-distinguée. Ce soir un jury mahométan lui décernerait une médaille d'argent. Ce moka exhale réellement le meilleur des parfums de l'Arabie.

MADAME VERDEAU

Ce moka est du simple Bourbon, pourtant, mon ami.

M. VERDEAU

En vérité, madame Verdeau. Alors c'est du Bourbon qui, en passant par l'isthme de Suez, y aura contracté un fort accent musulman.

MADAME VERDEAU

Encore un peu de café, Léon?

M. VERDEAU

J'allais vous en prier, Valentine. — Là! — Quelle jolie couleur! — Chaque goutte, noire et scintillante, ressemble à la prunelle d'un œil espagnol, côté des dames, comme dirait notre ami Athanase.

MADAME VERDEAU, vivement.

Un peu de sucre, Léon?

M. VERDEAU

Incroyablement, ma chère! (*Il boit.*) Quel délicieux breuvage! Les tropiques ont du bon. Quel dommage que notre ami Athanase ne soit pas ici... Ah! c'est un amateur de bon café... — Mais, à propos, ma chère Valentine, ne trouvez-vous pas singulier que ce garçon nous fasse faux bond depuis huit jours, ou plutôt depuis huit soirs? — Ma parole, je me perds en conjectures. — Est-ce qu'il se dérangerait? — (*Regard à la pendule.*) Neuf heures. Il ne viendra pas encore ce soir. — En vérité, c'est la première fois... (Une larme de cognac, mon amie? — Mille grâces...) en vérité, c'est la première fois, depuis deux ans que nous sommes mariés, que ce diable d'Athanase reste aussi longtemps sans venir faire ici sa partie de dames quotidienne... C'est très-étrange... entre nous. — Cela ne vous étonne pas, ma chère amie? — (*On gratte à la porte.*) Mais qui est là?

MADAME VERDEAU, avec empressement.

C'est encore Mariette. (*Mariette montre sa tête par*

la porte entre-bâillée.) Eh bien! qu'est-ce qu'il y a? —
J'y vais.

MARIETTE

S'il vous plaît, madame? Je ne peux pas venir à bout
de piquer mon râble... (*La tête de Mariette disparaît.*)

MADAME VERDEAU

Quel supplice! — Une domestique à laquelle il faut
tout montrer, tout apprendre...

M. VERDEAU

Sauf la polka de l'anse du panier, je suppose?

MADAME VERDEAU

Mes excuses, cher ami, je reviens à l'instant.

SCÈNE DEUXIÈME

M. VERDEAU, sirotant son café.

Décidément, voilà un moka... oh! j'oubliais que c'est
du Bourbon, — du Bourbon branche aînée, alors. —
Enfin, c'est un café qui aurait fait voir trente-six houris
à mon pauvre Athanase. — Il est faible comme un Turc
sur l'article du café, Athanase. Mais au fait, voyons,
sérieusement, pourquoi Athanase ne vient-il plus à la
maison? Pourquoi a-t-il cessé brusquement ses visites?
Il n'est pas malade. Il n'est pas en voyage. Je le sais. —
J'ai été prendre de ses nouvelles chez son concierge. —
Que diable peut-il faire? Ou bien que diable lui avons-
nous fait? C'est très-inquiétant. J'aime beaucoup Athanase. C'est un ami de vingt ans, un vrai, pas un ami de

collége, pas un monsieur qu'on rencontre, à tout le plus une fois l'an, dans un banquet d'anciens élèves et qui vous dit chaque fois : Quelle dégringolade, mon pauvre ami, quelle dégringolade! Sommes-nous assez démodés! — Non, Athanase est un ami permanent, plein de délicatesse et plein de scrupules, et dévoué... Tous les soirs, depuis deux ans, sauf pendant les quartiers principaux de ma lune de miel, il est venu ici faire sa, ou plutôt ma partie de dames. Il m'en rendait quatre. Pourquoi disparaît-il soudain? Pourquoi, sans motif visible à l'œil nu, nous a-t-il abandonnés?.. en oubliant qu'il me doit une revanche!.. Ça ne se fait pas. Il trouble toutes mes habitudes. Il trompe toutes mes espérances. — J'avais justement combiné une jolie rafle de sept... avec une lunette à la fin... — Oh! il y a quelque chose là-dessous. Certainement, il y a quelque chose. Mais quoi? Ah! voilà. Cherche! Est-il fatigué de son ami Verdeau? Non, je puis le dire sans vanité. Non! — Alors, quelle mouche le pique? — Serait-ce?.. Ce serait bien fâcheux... Oui, à force d'y réfléchir, une idée m'est venue. Une idée désagréable, très-désagréable, je l'avoue. — Je suis marié. Valentine est jolie. Eh bien, cette absence subite et sans cause, après deux ans de la plus étroite intimité, ressemble beaucoup, je le constate avec peine, à l'exil que s'imposerait un cœur délicat et loyal, comme est celui d'Athanase, après avoir reconnu que le meilleur moyen de ne plus penser à la jolie femme d'un vieil ami, c'est de cesser complétement de la voir. Oui, plus j'y songe, et plus je crois que j'ai découvert le... la corbeille aux roses. — Ce pauvre Athanase! C'est au cœur que le bât le blesse, c'est évident. Mais, honnête et énergique, il s'est condamné, pour se guérir, à une saison d'oubli, comme un malade fait une saison

aux eaux. L'absence, c'est le Vichy de l'âme. Brave
Athanase! Quel courage! — Quel ami! — Et cette bonne
Valentine qui ne se doute de rien!.. — Il y a quelque
chose que je ne m'explique pas cependant? J'avais
donné à Athanase une petite commission à faire auprès
de ma femme, il y a huit jours. C'était une surprise que
je ménageais à Valentine. La commission a été faite, j'en
suis bien persuadé, et Valentine ne me parle de rien.
C'est assez bizarre?.. Mais la voilà.

SCÈNE TROISIÈME

M. VERDEAU, MADAME VERDEAU, puis MARIETTE.

MADAME VERDEAU

Oh! mon ami, cette Mariette est à tuer! Elle a mas-
sacré un magnifique râble de lièvre. Je ne sais vraiment pas s'il sera mangeable demain.

VERDEAU

Croyez-vous? — Et moi qui me promettais... Ah! le
poëte a bien raison de dire qu'il y a un abîme d'imprévu
entre la coupe et... et *les lièvres !*

MADAME VERDEAU

Ce n'est pourtant pas si difficile de larder...

VERDEAU

Quand donc la science humaine inventera-t-elle, à
l'usage des cuisinières, la piqûre mécanique à lardon
continu!

18.

MADAME VERDEAU

Bah! laissons cela. — Je vous ai bien abandonné, mon ami, n'est-ce pas?

VERDEAU

Oh! je n'étais pas seul. J'étais avec le souvenir de l'adorable petite femme de ménage que vous êtes. Il s'élevait devant moi, gracieux et tendre, au milieu de l'arôme de cet excellent café, comme le génie bienfaisant des contes arabes, dans la fumée du vase de bronze trouvé par le pêcheur.

MADAME VERDEAU

Vous êtes galant, Léon.

VERDEAU

Et qui ne le serait envers vous, Valentine!.. et même, à ce propos, chère amie, voulez-vous que je vous révèle un secret, qui va vous étonner au dernier point... et que je préfère infiniment que vous appreniez plutôt par moi que par un autre...

MADAME VERDEAU

Un secret?

VERDEAU, riant très-fort.

Un secret, oui. — Oh! vous ne pouvez pas vous attendre à ce que je vais vous apprendre!.. Vous n'en croirez pas vos oreilles!.. — Cela est si fou... si... le mot me manque...

MADAME VERDEAU

Expliquez-vous, au moins.

VERDEAU

Non... c'est tellement inattendu!.. extraordinaire!.. impossible!..

MADAME VERDEAU

Mais encore... parlez!

VERDEAU, riant.

Quelqu'un est tombé amoureux de vous. Voilà le mot lâché!

MADAME VERDEAU

Quelqu'un? — Comment le savez-vous?

VERDEAU

Je l'ai deviné! — Oui, vous avez un bon petit amoureux. — Hein? vous étiez à cent lieues de vous attendre à celle-là, par exemple!

MADAME VERDEAU

Pardon, je pouvais m'attendre au moins à quelque ménagement dans vos expressions, mon ami. — Vous abusez un peu de ma modestie, je vous en préviens.

VERDEAU

Enfin, vous ne l'auriez jamais pensé?

MADAME VERDEAU

Mais... permettez,.vous me forcez à vous dire qu'en fait d'homme de goût, il n'y a peut-être pas que vous sur la terre... soit dit sans vous offenser...

VERDEAU

Je le crois bien que je ne suis pas le seul!.. puisqu'il y a mon ami Athanase!

MADAME VERDEAU

Monsieur Athanase ?

VERDEAU

Monsieur Athanase... mais dites donc Athanase tout
court, comme toujours.

MADAME VERDEAU

Alors, c'est lui ?..

VERDEAU

Oui, c'est lui le beau ténébreux ! — Est-ce assez comique ? — D'abord, je me faisais un scrupule de vous en
parler ; mais je sais qui vous êtes, ma chère, et je vous
sais indulgente pour les... bêtises d'autrui. Aussi, je me
suis décidé gaiement à vous dire la chose en gros, pour
vous en faire rire...

MADAME VERDEAU

Et j'en ris beaucoup, beaucoup, je vous assure...

VERDEAU

Plaisanterie à part, c'est un très-loyal garçon, que
notre ami Athanase, et il le prouve. Il s'est senti pincé
au côté gauche, crac, et alors, pour ne pas succomber à
la tentation, il a pris le parti de disparaître, pendant
quelque temps...

MADAME VERDEAU

Pendant quelque temps ?

VERDEAU

Dame, vous pensez bien, ma chère, que ce ne sont
pas là des feux éternels. — Ils sont vifs, je le présume
du moins...

MADAME VERDEAU

Ah ! vous accordez cela...

VERDEAU

Mais ils seront de courte durée, parbleu !

MADAME VERDEAU

De courte durée !.. Ah ! cher ami, vous jetez là des
pierres dans votre jardin de mari... permettez-moi de
vous le dire... — Sans doute, je ne m'exagère pas mes
faibles attraits... comme dirait Esther... mais de courte
durée... est dur... et me laisse à penser que vous-même
vous ne croyez pas que je mérite beaucoup plus qu'un...
feu de paille.

VERDEAU

Voilà bien un mot de femme !

MADAME VERDEAU

Dame, c'est un mot de femme qui est l'écho d'un mot
de mari !

VERDEAU

Oui ! Seulement le mari répond à la femme que le
feu de paille... dont elle parle, quelque modéré qu'elle
le trouve, est un feu inextinguible, attendu que la mois-
son de chaque année lui apporte un aliment nouveau,
par bottes, ma chère, par bottes !

MADAME VERDEAU

Ah ! voilà qui est mieux...

VERDEAU

Certes ! car un amoureux... c'est encore moins qu'un
pauvre feu de paille, qui peut avoir son charme en

hiver; un amoureux... c'est la flamme brillante, il est vrai, mais inutile et passagère, d'une étoile qui file, file et disparaît... Aussi (*Riant.*) quand l'étoile de mon excellent ami Athanase aura traversé mon ciel — ce qui ne sera pas long, je le répète, — je retrouverai joyeusement, à l'état d'aréolithe absolument froid, ce brave cœur qui me manque, je l'avoue, à l'heure de ma partie de dames. Laissons donc s'éteindre dans l'ombre cette étoile errante, et attendons le retour de cet honnête homme...

MADAME VERDEAU

Il ne faut jurer de rien, mon ami.

VERDEAU

Bon, voilà que vous attaquez cet excellent garçon, à présent ; ce vertueux Grandisson qui, heureusement, n'est pas en plusieurs volumes...

MADAME VERDEAU

Votre vertueux Grandisson !.. Tenez, puisque vous me poussez à bout, de toutes les manières, mon ami... je veux bien vous dire à mon tour ce que je me faisais depuis huit jours un scrupule de vous révéler, car une honnête femme, sûre d'elle-même, ne doit pas rompre la tête de son mari avec ces choses-là, mais le fait est que, quoique vous m'en croyiez incapable, j'ai inspiré à... ce monsieur... Athanase... des sentiments beaucoup moins nuageux que ceux que vous lui supposez...

VERDEAU

Hein !.. Il aurait osé vous dire...

MADAME VERDEAU

Il ne m'a rien dit. Il m'a tout écrit.

VERDEAU

Il vous a écrit ?

MADAME VERDEAU

Sur papier sentant fort l'opoponax.

VERDEAU

L'opoponax !.. Mais c'est infâme ! Cette combinaison
de la déloyauté et de la parfumerie est réellement ma-
chiavélique ! Un ami de vingt ans ! C'est impossible !
vous riez !

MADAME VERDEAU

Je ne ris pas. Voyez plutôt. Voici cet odoriférant
aveu. Ah ! la lettre est réellement brûlante, monsieur
Verdeau.

VERDEAU, il lit, puis avec accablement.

C'est pourtant vrai !..

MADAME VERDEAU

Brûlante, n'est-ce pas ? Vous le trouvez comme moi.

VERDEAU

Non !.. C'est la lettre d'un misérable !.. mais elle n'est
pas aussi brûlante... que celle que moi, par exemple,
je vous eusse écrite en pareille occasion, sans me
vanter.

MADAME VERDEAU

Vous n'en convenez pas? moi, je la trouve brûlante.

VERDEAU

Non! vous méritez mieux que cela, ma chère... Oh !
le perfide ami !.. C'est bête comme choux, ne trouvez-

vous pas, cette déclaration ? Le style est bon, soit, mais c'est bien classique entre nous.

MADAME VERDEAU

Classique ! classique ! Enfin, elle ne mérite pas un prix de l'Académie, cependant !

VERDEAU

Un prix ! — Ah ! que ce serpent réchauffé dans mon sein ne se représente pas ici, ou je le...

MADAME VERDEAU

Il ne s'y représentera pas. (*On gratte de nouveau à la porte.*) Voilà encore Mariette !.. Que me voulez-vous donc ?

MARIETTE, passe sa tête.

S'il vous plaît, madame, dans la marinade de mon râble faut-il mettre de l'oignon brûlé.

MADAME VERDEAU

Comment, sotte que vous êtes, vous me demandez si...

MARIETTE, avec empressement.

Oh ! j'en ai mis, j'en ai mis ! Seulement, je voudrais que madame vînt voir... (*La tête de Mariette disparaît.*)

MADAME VERDEAU

Mais c'est affreux !.. Mais cette Mariette me fera mourir de colère avant... (*A M. Verdeau.*) Mon ami, je vous demande bien pardon... Je vous quitte encore pour un instant... Il faut sauver mon lièvre !

SCÈNE QUATRIÈME

VERDEAU

Trahi !.. (*Il marche à grands pas, puis s'arrête devant le damier préparé.*) Un ami de vingt ans !.. Un homme qui m'en rendait quatre, et qui me gagnait !.. Oh ! l'affreux être !.. mais qui l'eut dit ?.. Il était là, là, il y a huit jours, l'œil clair, le front pur... et moi j'étais là... sans rien voir, sans rien comprendre !.. tout entier à mon coup de sept... non, c'était un coup de six... non, je dis bien de sept. — Oh ! à qui se fier ! (*Il range machinalement les pions sur le damier.*) Mais non, c'était un coup de six. Oui. — Ses pions étaient là, là et là, et moi j'avais une dame. — Hélas ! il venait de me la souffler. — J'y suis maintenant. C'est bien ça, souffler n'est pas jouer. Il m'en prend une. Ça dégage son arrière-garde. C'est là où je l'attendais. Je passe par la lunette... et v'lan v'lan, v'lan... c'était un coup de sept... Sept... sept !.. admirable !.. Mais pendant que j'étais heureux au jeu... il songeait, l'infâme, à faire rougir les cheveux blancs que le ciel m'accordera sans doute un jour, si le chagrin ne me les a pas fait tous tomber avant ce temps-là ? Il sapait mon bonheur ! il sapait, sapait. (*Remuant les pions.*) Sapait... sapait... Oh ! quelle jolie râfle !.. Un, deux, trois, quatre...

SCÈNE CINQUIÈME

M. VERDEAU, MADAME VERDEAU, puis MARIETTE.

MADAME VERDEAU

Eh bien, mon ami, vous avez relu cette lettre...

VERDEAU

Oui, j'ai relu ce triste document !..

MADAME VERDEAU

Allons, vous approuverez certainement ma conduite. Votre ami a eu l'audace de vouloir s'introduire ici, le lendemain même du jour où il m'avait envoyé cette épître... brûlante.

VERDEAU

Insensée, oui, brûlante, non.

MADAME VERDEAU

Il a eu cette audace, mon ami. Mais je l'ai fait mettre à la porte... sans scrupule !

VERDEAU

Valentine, merci !.. Vous avez fait votre devoir d'épouse vertueuse, et, si parfois, l'homme n'est pas parfait, je regrettais mon partenaire habituel, je sens là, là, voyez-vous, que le démon du jeu serait vaincu par l'ange du foyer !

MADAME VERDEAU

Oui, mon ami. D'ailleurs, Athanase...

VERDEAU

Dites : monsieur Athanase, je vous en conjure.

MADAME VERDEAU

Monsieur Athanase ne doit plus être qu'un objet de mépris pour vous désormais !

VERDEAU

Vous l'avez dit !.. Et s'il osait se représenter... aucun scrupule ne m'arrêterait... Qu'est-ce encore ?

MARIETTE

S'il vous plaît, madame.

MADAME VERDEAU

Encore ce râble !.. Oh ! mais c'est incroyable !

MARIETTE

S'il vous plaît, madame, c'est ce monsieur... Anathase.

VERDEAU

Anathase ! Athanase, je veux dire ; est-elle bête cette Mariette !

MARIETTE

Oui, monsieur.

MADAME VERDEAU

Mais je vous ai pourtant bien recommandé, Mariette...

MARIETTE

Oui, madame, mais ce monsieur avait l'air si triste, si triste... que, ma foi, je me suis fait un scrupule de le renvoyer encore... Ce monsieur veut dire un petit mot à madame... en secret. (*A Verdeau.*) Si monsieur voulait bien s'en aller.

VERDEAU

M'en aller ! — Mais Lovelace rendrait au moins cinq pions à ce garçon-là... Valentine, recevez monsieur Athanase. Il le faut. — Vous allez lui parler. (*A Mariette.*) Vous ne lui avez pas dit que j'étais à la maison ?

MARIETTE

Oh ! non ! Madame m'a bien recommandé de lui dire que monsieur n'y était jamais. — C'est pourquoi il faut vous cacher, monsieur.

VERDEAU

Très-bien. Je vous obéis, Mariette. Faites entrer monsieur Athanase.

(*La tête de Mariette disparaît, et on entend crier :*)
Monsieur Anathase !

VERDEAU

J'entre dans mon cabinet, Valentine. — Faites que j'entende ce Tartuffe confesser son crime, et alors...

MADAME VERDEAU

Pas de violence, mon ami.

VERDEAU

Rassurez-vous, mon amie. — J'emploierai le dédain. C'est mon arme de prédilection. — Ne vous trahissez pas, surtout.

MADAME VERDEAU

Mon ami, vous me mettez dans une position délicate.

— M'obliger à recevoir un homme qui m'a fait une déclaration brûlante...

VERDEAU

Classique, ma chère, pas autre chose, classique.
(*Il entre dans son cabinet.*)

SCÈNE SIXIÈME

MADAME VERDEAU, ATHANASE, avec un bandeau noir sur l'œil gauche.

MADAME VERDEAU

Le voici. (*A part.*) C'est égal... j'éprouve une certaine émotion...

ATHANASE, entrant.

Ma chère madame Verdeau !... Enfin, le ciel me procure l'occasion de vous voir seule...

MADAME VERDEAU

Monsieur, je...

ATHANASE

Oh ! je suis très-coupable, madame, très-coupable, je le sais... mais enfin...

MADAME VERDEAU

Mais c'est plus qu'une faute, monsieur, c'est un crime.

ATHANASE

Un crime ? — Oh ! un crime dans les prix doux !

MADAME VERDEAU, à part.

Quel langage cynique ! — Oh ! les hommes ! (*Haut.*)
Mais brisons là. Que voulez-vous de moi ?

ATHANASE

Mais obtenir mon pardon, madame, et vous prier de
recevoir mes excuses.

MADAME VERDEAU

Vous ne l'espérez pas, je pense ?

ATHANASE

Et pourquoi non ? On pardonne tout à la passion, ma
chère enfant.

MADAME VERDEAU

Tout, même une perfidie ?

ATHANASE

Laissez-moi m'expliquer, ma chère...

MADAME VERDEAU

Je refuse d'en entendre plus long...

ATHANASE

Que vous êtes cruelle, ma chère Valentine.

MADAME VERDEAU

Monsieur, je vous en prie... supprimez vos épi-
thètes !

ATHANASE

Je vous obéis, Valentine.

MADAME VERDEAU

Mais vous êtes fou !

ATHANASE

Toqué seulement, madame. C'est l'amour qui a égaré
ma raison.

MADAME VERDEAU

Et vous osez !..

ATHANASE

Laissez-moi vous raconter tout... Vous serez certainement touchée...

MADAME VERDEAU

C'est par trop d'audace !

ATHANASE

Quand on est amoureux, on ne connaît pas d'obs-
tacles.

MADAME VERDEAU

Mais, monsieur, un mot va vous arrêter net. — Il y a
dans tout ceci un mari auquel vous ne songez réellement pas assez. Ce mari, c'est votre ami.

ATHANASE

Oh ! mon ami !.. peuh !

MADAME VERDEAU

Un ami de vingt ans !

ATHANASE

Bon ! le temps ne fait rien à l'affaire, madame...

MADAME VERDEAU

Quel cynisme !

ATHANASE

Enfin, bref, j'ai commis une erreur ; mais voilà tout...

MADAME VERDEAU

Une erreur irréparable, monsieur.

ATHANASE

Irréparable, de mon côté, peut-être. Mais de votre côté, entre nous, ça peut très-bien s'arranger.

MADAME VERDEAU

De mon côté ?

ATHANASE

Oui ; — vous allez comprendre parfaitement comment la chose est arrivée.

MADAME VERDEAU

La chose ? Je refuse de comprendre.

ATHANASE

Vous devinez bien... ma chère, que...

MADAME VERDEAU

Je ne devine rien, monsieur.

ATHANASE

C'est pourtant bien simple...

MADAME VERDEAU

Simple ! tromper un mari excellent !

ATHANASE, hochant la tête.

Excellent... dans les mauvaises années, oui.

MADAME VERDEAU

Pauvre homme !

ATHANASE

Bon. Vous ne le connaissez pas comme moi. C'est un triste sire. — Bonne pâte d'homme, oui, mais c'est un triste sire, entre nous.

SCÈNE SEPTIÈME

LES MÊMES, M. VERDEAU.

VERDEAU, il sort furieux de son cabinet.

Un triste sire ! moi ?

ATHANASE, tranquillement.

Tiens ! tu étais donc là ?

VERDEAU

Tu aurais autant aimé peut-être que je fusse au Nicaragua ?

ATHANASE

Pourquoi Nicaragua ?

MADAME VERDEAU, à son mari.

Léon, sois calme.

VERDEAU, solennel, à Athanase.

Créature gangrenée !

ATHANASE

Moi ? — Qu'est-ce qui te prend ?

VERDEAU

Monstre !

ATHANASE

Ah ! dis donc ! — Mais qu'a-t-il donc, ma chère Valentine ?

VERDEAU

Tais-toi, serpent ! ne la nomme pas ainsi !

MADAME VERDEAU

Ils vont s'égorger ! (*Elle tombe dans un fauteuil.*)

VERDEAU

Écrire des lettres à ma femme !

ATHANASE

Des lettres ! — D'abord, il n'y en a qu'une !

VERDEAU

Ce n'est donc pas assez ! Ne crois-tu donc pas l'administration des postes assez compromise comme ça dans cette honteuse affaire !

ATHANASE

Tu es fou ! Ce n'est pas l'administration des postes qui a commis l'erreur, c'est moi qui me suis trompé. Je venais l'expliquer à ta femme.

VERDEAU

Tu dis ?

ATHANASE

J'aime, c'est vrai. Je te l'avais caché, c'est encore vrai.

VERDEAU

Tu l'avoues donc ?

ATHANASE

Parbleu ! — Mais la dame m'avait donné quelque espérance, je le dis maintenant, sans scrupules.

MADAME VERDEAU

Ah ! par exemple ! Il ment ! Léon, il ment !

VERDEAU

O perversité du genre humain !

ATHANASE

C'est une femme mariée, c'est toujours vrai,

VERDEAU

Oui, je le sais, infâme ! — Et c'est Valentine !

ATHANASE

Valentine ? qui ça Valentine ? ta femme ?

VERDEAU

Dame !

ATHANASE

Moi, aimer ta femme ? jamais de la vie !

MADAME VERDEAU, à part.

Le dédain après l'outrage ! Je me meurs !

VERDEAU

Tu n'aurais pas...

ATHANASE

Ah ! ça, vous êtes fous, tous les deux ! — Je te dis

qu'il y a eu mal donne. La femme que j'aime, c'est celle qui m'a mis cet œil au beurre noir, comme un fragment de raie !

VERDEAU

Je ne te comprends pas !

ATHANASE

Vous ne me laissez pas parler.

VERDEAU

Voyons, je fais taire mes ressentiments et nous te prêtons l'un et l'autre une oreille attentive, car je finis par croire...

ATHANASE

Bon ! mais il fallait commencer par là. — J'aime une dame. Qui ? Ça ne te regarde pas ! L'autre jour, je me décide à lui faire l'aveu de ma flamme.

VERDEAU

Je disais bien qu'il était classique !

ATHANASE

Classique ? — Enfin, je lui écrivis une lettre. — Or, ce jour-là même, tu me prias, si tu t'en souviens, de t'aider à mystifier ta femme... Je vous en demande bien pardon, madame...

MADAME VERDEAU, à son mari.

Merci, mon ami. Décidément, vous me croyez toutes les infortunes de l'esprit.

ATHANASE

Ce jour-là, votre mari, madame, — et c'est ce que je

voulais vous avouer depuis huit jours, — me força de
vous envoyer sous enveloppe, — en mettant l'adresse de
ma main, — afin que vous ne sussiez pas d'où elle pouvait vous arriver, la photographie de cet écuyer de
l'Hippodrome dont vous aviez loué vivement, paraît-
il, — dame, c'est Léon qui me l'a dit, — les contours
irréprochables.

VERDEAU

C'était une petite farce conjugale.

MADAME VERDEAU

D'excellent goût, mon ami.

ATHANASE

Oh ! c'était bien innocent.

VERDEAU

Oui, je me faisais une joie de voir la figure stupéfaite
que ferait Valentine en recevant le portrait du maillot
de cet idole de la classe... des cocottes.

ATHANASE

Eh bien, mes chers amis, je me suis trompé d'enveloppe, voilà tout. J'ai envoyé la photographie du
clown à la dame de mes pensées, et c'est madame qui
a reçu ma lettre brûlante...

MADAME VERDEAU

Oh ! brûlante... (*A part.*) Rien de plus fade en résumé.

VERDEAU

C'est très-drôle. — Et comment t'es-tu aperçu de ton
erreur ?

ATHANASE

Je m'en suis aperçu, le lendemain, chez la dame en question, en recevant d'elle, sur l'œil, le témoignage d'affection que vous voyez.

VERDEAU

Et pourquoi cette caresse contondante?

ATHANASE

Pourquoi? — Parce que — madame, je vous prie d'excuser ces détails, — parce que l'original de la phothographie, le beau clown en un mot, avait été jadis pour le mari de cette dame, ce que la chicorée est au café, c'est-à-dire un succédané, un remplaçant...

VERDEAU

C'est réellement un triste sire, alors.

ATHANASE

Or la dame en recevant, sous enveloppe écrite de ma main, le portrait de son... instant de faiblesse, qui avait duré plusieurs mois, a cru à une abominable méchanceté de ma part. De là sa rage et ma punition. — Nous sommes brouillés pour jamais!

VERDEAU

C'était donc une femme légère que tu aimais?

ATHANASE

Je les prends légères, afin qu'elles ne pèsent pas beaucoup sur ma conscience...

VERDEAU

L'histoire est gaie. — Et nous, figure-toi, qui avions cru que...

ATHANASE

Je l'ai bien pensé! — C'est pourquoi depuis huit jours,
chaque soir, j'ai voulu m'introduire ici pour vous apporter mon explication. — Mais, chaque soir, Mariette
m'a flanqué à la porte!

VERDEAU

Dame, mon ami, Valentine croyait...

ATHANASE

Quelle erreur, madame! quelle effroyable erreur!

MADAME VERDEAU

Monsieur...

VERDEAU, à Athanase.

Ce cher ami! — (*Bas.*) Ne t'excuse pas si fort... tu
sais, les femmes?.. (*Haut.*) Ah! que je suis donc heureux! Il y a encore du café, n'est-ce pas, Valentine? —
Oh! mon gaillard, je t'ai préparé un coup de sept!..
Tu vas voir. (*Il l'emmène vers le damier.*) Assieds-toi
là. (*Ils s'installent à la table de jeu.*)
(Paraît la tête de Mariette.)
Sil vous plaît, madame? Est-ce que je peux me cou-
cher? mon râble va bien. (*La tête disparaît.*)

MADAME VERDEAU

Je vais aller voir ça, Mariette! — A tout à l'heure,
messieurs. — (*A part, en sortant.*) — Ce pauvre monsieur Athanase, avec son œil poché! — C'est un homme
plein de scrupules. Mais il n'est vraiment pas très-fort.

Rideau.

LE CONFESSIONNAL

Fantaisie en un acte

Par M. Abraham DREYFUS

« Les recettes connues pour nouer et dénouer
une intrigue ont fait leur temps. »

ÉMILE ZOLA.

PERSONNAGES

GONTRAN.

LUCIE.

L'Abbé MONCRABEAU.

LE CONFESSIONNAL

<hr>

La scène se passe dans une église. Le fond du théâtre représente un des bas-côtés, avec confessionnal faisant face au public [1].

SCÈNE PREMIÈRE

GONTRAN, seul.

(*Il entre par la droite, fait quelques pas dans l'église en regardant de tous côtés, reste un instant pensif, puis dit :*) Parfaitement ! il n'y a pas à hésiter. (*Au public.*) Voici la situation. Je dois épouser dans deux jours mademoiselle Lucie Bernillet. Mademoiselle Lucie Bernillet est la fille d'un honorable négociant avec qui mon oncle Rissolin, de Beaune, entretient depuis plusieurs années d'excellentes relations. Mon oncle Rissolin est propriétaire d'un clos assez estimé. Ce clos lui donne tous les ans un petit vin dit de Meursault, qu'il coupe avec un autre vin dont le nom m'échappe, et qu'il expédie ainsi coupé à monsieur Bernillet. Celui-ci le coupe une seconde fois... Comment ? Avec quoi ? C'est ce que je ne saurais dire... Mais toujours est-il qu'il le coupe et que ce coupage est très-apprécié des connaisseurs, puisque monsieur Bernillet y a gagné quatre ou

<hr>

[1] *Note pour les théâtres de salon :* ce décor peut être remplacé par un paravent, et le confessionnal par deux chaises.

cinq cent mille francs, dont je dois toucher le quart.
Premier point. — Second point : Mademoiselle Lucie
Bernillet est ce qu'on appelle une jeune personne très-
bien élevée. Telle on me l'a présentée le premier jour et
telle elle est restée à mes yeux : une jeune personne
très-bien élevée. En vain ai-je essayé de découvrir
quelque particularité qui me permît de la caractériser
autrement. Je lui ai fait une cour assidue ; tous les soirs,
pendant deux mois, je suis venu m'asseoir à côté d'elle,
et, avec l'autorisation de ses parents, je me suis employé
de mon mieux à pénétrer le secret de cette âme qui
allait devenir sœur de la mienne. L'âme est restée
fermée. Je n'ai rien vu, rien su, rien senti, et s'il me fallait dire aujourd'hui ce qu'est ma fiancée, je serais obligé
de dire comme tout le monde : c'est une jeune personne
très-bien élevée. — Eh bien ! ce secret que j'ignore, ce
secret d'où va dépendre le bonheur ou le malheur de
toute ma vie, un inconnu, un indifférent, un homme qui
ne se soucie ni de moi ni de ma fiancée, qui nous est et
qui nous sera toujours étranger, un ecclésiastique quel-
conque, l'abbé *** ou le curé X..., va le découvrir immé-
diatement. Mademoiselle Bernillet lui dira tout ce
qu'elle pense, tout ce qu'elle croit, tout ce qu'elle
éprouve. Elle se confessera, et quand elle se sera con-
fessée, le prêtre saura si elle est naïve ou futée, spiri-
tuelle ou sotte, avare ou généreuse, innocente ou per-
verse, froide ou passionnée ; il saura tout... et il ne me
dira rien ! — Est-ce juste ? Je le demande à toutes les
personnes qui m'écoutent. Est-ce juste ? — Non ! Évidemment non ! — Eh bien, alors, on ne s'étonnera pas
de me voir revendiquer avec énergie...

SCÈNE DEUXIÈME

GONTRAN, L'ABBÉ MONCRABEAU.

L'abbé Moncrabeau a traversé l'église en lisant son bréviaire, et vient
se heurter contre Gontran.

L'ABBÉ MONCRABEAU

Pardon !

GONTRAN

Un prêtre ! c'est le ciel qui me l'envoie ! (*Courant
après l'abbé et l'appelant.*) Monsieur !

L'ABBÉ MONCRABEAU, se retournant.

Plaît-il ?

GONTRAN

Vous êtes attaché à cette église ?

L'ABBÉ MONCRABEAU

Oui... pourquoi ?

GONTRAN

Vous êtes le curé peut-être ?

L'ABBÉ MONCRABEAU

Non, premier vicaire seulement... l'abbé Moncrabeau.

GONTRAN

L'abbé Moncrabeau ! Vous seriez l'abbé Moncrabeau ?..
Ah ! Monsieur, permettez-moi de me féliciter de cette
rencontre.

L'ABBÉ MONCRABEAU, modestement.

Je ne mérite pas...

GONTRAN

Si! si! Je suis enchanté de vous rencontrer. On m'a beaucoup parlé de vous, — incidemment, il est vrai, — mais dans les meilleurs termes.

L'ABBÉ MONCRABEAU, curieux.

Qui donc?

GONTRAN

Une de vos paroissiennes, mademoiselle Bernillet.

L'ABBÉ MONCRABEAU

Ah! parfaitement... une jeune personne très-distinguée.

GONTRAN

Oui... c'est cela... très-distinguée. (*A part.*) Il débute mal.

L'ABBÉ MONCRABEAU

Et qu'est-ce qui me procure l'avantage?..

GONTRAN

Vous ne devinez pas?

L'ABBÉ MONCRABEAU, souriant.

Ma foi! non.

GONTRAN

Cherchez!

L'ABBÉ MONCRABEAU, vivement.

Vous venez pour le *Sou des fidèles?*

GONTRAN, froidement.

Non.

L'ABBÉ MONCRABEAU, déconcerté.

Ah !.. (*Un temps. — Même jeu.*) Pour les *Écoles de
perséverance?*

GONTRAN

Pas davantage.

L'ABBÉ MONCRABEAU

Je cherche...

GONTRAN

Ne cherchez plus. (*Gravement.*) Je viens pour la confession.

L'ABBÉ MONCRABEAU

Vous, mon cher fils ?

GONTRAN

Moi-même, cher monsieur.

L'ABBÉ MONCRABEAU, doucement.

On dit : Mon père.

GONTRAN

Moi-même, mon père.

L'ABBÉ MONCRABEAU

Eh bien ! si vous voulez me suivre...

GONTRAN

Un instant. J'aurais voulu savoir d'abord comment on
procède.

L'ABBÉ MONCRABEAU

Vous n'êtes donc pas préparé ?

GONTRAN

Nullement.

L'ABBÉ MONCRABEAU

Et vous ne savez pas comment on se prépare ?

GONTRAN

Je ne m'en doute pas.

L'ABBÉ MONCRABEAU

Pauvre enfant !

GONTRAN, à part.

Je l'émeus. C'est un brave homme.

L'ABBÉ MONCRABEAU, souriant.

Alors, nous allons être obligé de rapprendre notre
catéchisme ? (*Il lui donne une petite tape sur la joue.*)

GONTRAN, surpris.

Hein ?

L'ABBÉ MONCRABEAU

N'ayez pas peur; le maître ne sera pas trop sévère.

GONTRAN, à part.

Ah ! très-bien... je comprends. C'est une plaisanterie...
Il est charmant, cet abbé Moncrabeau. (*Pendant cet
aparté, l'abbé Moncrabeau a tiré un livre de sa poche
et l'a feuilleté.*)

L'ABBÉ MONCRABEAU, à Gontran, en lui présentant le livre ouvert.

Lisez !

GONTRAN

Que je lise ? (*Lisant.*) « Pour se préparer, il faut :
1° se recueillir ; 2° s'examiner ; 3° s'exciter à la contri-
tion ; 4° attendre auprès du confessionnal avec un
maintien recueilli... » (*Cessant de lire.*) C'est le rôle du
confessé, cela !

L'ABBÉ MONCRABEAU

Sans doute.

GONTRAN

Mais le rôle du confesseur ? C'est le confesseur qui me
préoccupe.

L'ABBÉ MONCRABEAU, surpris.

Et pourquoi, mon enfant ?

GONTRAN

Pourquoi ?.. Parce que... — Non ! vous n'allez pas
vouloir...

L'ABBÉ MONCRABEAU

Dites toujours.

GONTRAN

Parce que je voudrais prendre votre place.

L'ABBÉ MONCRABEAU, ahuri.

Comment ?

GONTRAN

J'ai rêvé d'exercer votre saint ministère... (*Mouvement de l'abbé.*) Oh ! pendant une heure seulement... le
temps de confesser mademoiselle Bernillet.

L'ABBÉ MONCRABEAU, effrayé.

Mais c'est un fou !.. (*Appelant.*) Savinien !

GONTRAN

Savinien !.. c'est votre bedeau ?

L'ABBÉ MONCRABEAU, tremblant.

Oui... je... (*Appelant de nouveau.*) Savinien !

GONTRAN

Il ne viendra pas... Je l'ai envoyé en course... à Gennevilliers.

L'ABBÉ MONCRABEAU, affolé.

Ah ! mon Dieu !

GONTRAN

Rassurez-vous... je n'ai pas de mauvaises intentions ! bien au contraire !.. et je suis loin d'être fou. Je me rends parfaitement compte de l'étrangeté de ma demande, et je comprends qu'au premier abord vous ayez été un peu surpris... Mais je vais m'expliquer, et je suis sûr que nous nous entendrons.

L'ABBÉ MONCRABEAU, de plus en plus inquiet.

Parlez, monsieur... parlez...

GONTRAN

Comme je vous le disais, j'ai le plus grand désir de confesser mademoiselle Bernillet, non par simple curiosité, — ce serait inconvenant, — mais par raison. Je vais être son mari.

L'ABBÉ MONCRABEAU

Ah !

GONTRAN, *saluant.*

Gontran de Mœursgué... Excusez-moi de me présenter moi-même.

L'ABBÉ MONCRABEAU, *rêveur.*

Mœursgué... J'ai connu un Mœursgué à Château-Chinon...

GONTRAN

C'est mon cousin germain.

L'ABBÉ MONCRABEAU

Alors, votre famille est catholique ?

GONTRAN

Quelle question !

L'ABBÉ MONCRABEAU

C'est que vous avez l'air si peu au courant... Enfin ! (*Avec bonté.*) nous ferons votre éducation religieuse.

GONTRAN

Plus tard ; je ne demande pas mieux... Aujourd'hui, restons sur le chapitre de la confession. Je vous ai dit ce que j'attendais de vous.

L'ABBÉ MONCRABEAU

Comment ! vous revenez encore sur cette plaisanterie ?

GONTRAN

Ce n'est pas une plaisanterie.

L'ABBÉ MONCRABEAU, *s'enflammant.*

Mais alors...

GONTRAN, très-poli et très-froid.

Ah ! monsieur l'abbé... soyez calme, comme je le suis moi-même. Je suis incapable de vous manquer de respect et c'est très-sérieusement, sans aucune pensée offensante, que j'ai songé à vous faire part du désir légitime...

L'ABBÉ MONCRABEAU

Dites sacrilége !

GONTRAN

Sacrilége pour vous... légitime pour moi... (*Reprenant sa phrase.*) du désir légitime dont je suis tourmenté.

L'ABBÉ MONCRABEAU

Malheureux ! c'est le démon qui vous tourmente !

GONTRAN

Vous croyez ?

L'ABBÉ MONCRABEAU

J'en suis sûr ; et si mes prières pouvaient éloigner l'esprit malin...

GONTRAN, tranquillement.

Elles ne le pourront pas.

L'ABBÉ MONCRABEAU

Hein !

GONTRAN, avec douceur.

Non ! voyez-vous... ce n'est pas la peine d'essayer. Vos prières seraient perdues. Vous venez de le dire vousmême : c'est un esprit malin qui me pousse. Eh bien ! serez-vous plus malin que cet esprit ? Non ! n'est-ce pas ?

L'ABBÉ MONCRABEAU

Quel blasphème !

GONTRAN

Il n'y aurait qu'un moyen de me faire renoncer à mon projet : ce serait de vous engager, d'honneur, à interroger mademoiselle Bernillet sur divers points que je vous indiquerais et à me rapporter ses paroles mot pour mot.

L'ABBÉ MONCRABEAU

Révéler le secret de la confession ? Miséricorde !

GONTRAN

Oui... Vous ne le pouvez pas. Je le comprends très-bien. Aussi, ce n'est pas cela que je vous demande. Vous voyez : je suis raisonnable, moi !

L'ABBÉ MONCRABEAU

Ah ! oui.

GONTRAN

Soyez-le aussi. Défaites-vous tout simplement de votre soutane que j'endosserai par-dessus ce veston. Mademoiselle Bernillet ne me reconnaîtra pas, attendu que je porte d'habitude une barbe dont quelques personnes étrangères à ma nouvelle famille m'ont souvent fait compliment. Je n'ai pas hésité à la sacrifier. (Il est vrai qu'elle pousse assez vite.) N'importe ! vous voyez que mon parti est pris et que je ne recule devant rien pour le mettre à exécution. (*A l'abbé Moncrabeau qui s'éloigne.*) Où allez-vous ?

L'ABBÉ MONCRABEAU

Je vais prier Dieu pour vous, monsieur !

20.

GONTRAN

Oh! non! non! C'est une défaite, cela. Restez ici et donnez-moi votre soutane.

L'ABBÉ MONCRABEAU

Jamais!

GONTRAN

Vous dites?

L'ABBÉ MONCRABEAU, avec énergie.

Je dis : jamais! jamais! jamais!

GONTRAN

Songez aux conséquences de votre refus. Je suis calme, mais résolu ; résolu et fort. Rien ne m'arrêtera.

L'ABBÉ MONCRABEAU, se croisant les bras.

Moi non plus.

GONTRAN

Alors, ne vous en prenez qu'à vous-même de ce qui va arriver. (*Il s'avance vers l'abbé.*)

L'ABBÉ MONCRABEAU

Je suis prêt à subir tous les outrages. (*Tendant sa joue.*) Frappez!

GONTRAN

Non! pas de côté. (*Il passe derrière lui.*)

L'ABBÉ MONCRABEAU, indigné.

Oh! (*A part, sans bouger.*) Pardonnez-lui, mon Dieu! (*Sur ce mot, Gontran le saisit brusquement au cou. — L'abbé pousse un cri étouffé et tombe inerte aux pieds de Gontran.*)

GONTRAN, après un temps.

Voilà !.. c'est fait. J'en suis fâché pour moi, mais non
pour lui. Il est mort en odeur de sainteté ; qui sait comment il aurait fini plus tard ? C'était un homme mé-
diocre, dur, ignorant, très-entêté ; c'eût été un mauvais
prêtre. Allons ! je crois bien que je lui ai rendu ce
qu'on peut appeler un service spirituel... Mais ne nous
attendrissons pas. Il s'agit maintenant de poursuivre
l'œuvre commencée. Voyons ! Le costume, d'abord...
(Il prend la soutane de l'abbé et l'endosse.) Reste l'homme.
Où vais-je le mettre ?.. de façon qu'il soit en sûreté... et
moi aussi.... *(Il arrache une feuille de son calepin et
écrit :)* « Qu'on n'accuse personne de ma mort. » Là !
*(Il glisse la feuille de papier dans une des poches de
l'abbé.)* A présent, je suis tranquille. *(Il sort en traînant
le cadavre. La scène reste vide un instant.)*

SCÈNE TROISIÈME

GONTRAN, revenant.

J'ai trouvé une excellente place. C'est à la sacristie,
dans une armoire où l'on serre les vêtements sacerdo-
taux. J'ai accroché mon homme à une patère ; il aura
l'air de s'être pendu volontairement. C'est égal ! je ne
croyais pas que l'amour du mariage me pousserait au
crime. Car c'est un crime. J'aurais tort de me le dissimuler. Je sais bien que ce crime était nécessaire... mais
combien accomplit-on d'actions coupables qui sont tout
aussi nécessaires et qu'on ne regrette pas moins... longtemps après ! Je ne regretterai rien si j'arrive à lire dans

le cœur de ma fiancée... — La voici ! Recevons-la en homme d'église.

SCÈNE QUATRIÈME

GONTRAN, LUCIE.

Lucie entre par la droite, et se dirige vers le confessionnal. Elle s'arrête surprise à la vue de Gontran.

GONTRAN

Entrez, mademoiselle...

LUCIE, interdite.

Mais...

GONTRAN

Oui, je sais... C'est l'abbé Moncrabeau que vous auriez voulu voir. Il est en voyage, et il m'a prié de le remplacer.

LUCIE, indifférente.

Ah !..

GONTRAN, à part.

Elle a tressailli. (*Haut.*) Mais ne craignez rien, mademoiselle. Je puis dire que je suis à la hauteur de cette tâche délicate, et, sans que mon collègue m'ait révélé le secret de votre précédente confession, ce qui serait très-mal—(*A part.*) Montrons-lui que je suis fort !—(*Haut.*) je me flatte de vous comprendre aussi bien que votre directeur habituel.

LUCIE

Bien, mon père. (*Elle entre dans le confessionnal.*)

GONTRAN, à part.

Mon père!.. Je sais bien que c'est une formule et qu'elle me prend pour un autre. C'est égal! ça m'est désagréable. (*Il va rejoindre Lucie dans le confessionnal.*) Je vous écoute, mon enfant.

LUCIE, machinalement, comme si elle récitait une leçon.

Bénissez-moi, mon père, parce que j'ai péché.

GONTRAN

Ah! ah! (*A part.*) Ça commence bien. (*Haut.*) Et comment avez-vous péché?

LUCIE, même jeu.

Par pensées, par paroles et par omissions.

GONTRAN

Diable!.. (*Lucie le regarde avec étonnement; il se reprend aussitôt.*) Diable infernal, voilà de tes coups!

LUCIE

Hélas!

GONTRAN, à part.

Il paraît que c'est grave. (*Haut.*) Pouvez-vous énumérer ces péchés?

LUCIE

Oui, mon père: l'orgueil, la paresse, l'avarice, la gourmandise, l'envie, la colère et la luxure.

GONTRAN

Mais ce sont les sept péchés capitaux que vous énumérez-là !

LUCIE

Oui, mon père... Je ne me rappelle pas les autres.

GONTRAN, à part.

Elle me récite le catéchisme. (*Haut.*) Ce n'est pas cela que je vous demande, mon enfant. Confessez-vous à moi comme à un ami, comme vous vous confesseriez à l'abbé Moncrabeau. Dites-moi tout, je veux savoir tout.

LUCIE

Aidez-moi, mon père.

GONTRAN

Il faut vous aider ? Volontiers! Parlons d'abord de l'événement qui doit tenir une si grande place dans votre cœur. Vous allez vous marier, je crois?

LUCIE

Oui, mon père.

GONTRAN, à part.

Mon père ! je ne peux pas m'habituer à ce mot-là. (*Haut.*) Et avec qui allez-vous vous marier ?

LUCIE

Avec monsieur Gontran de Mœursgué.

GONTRAN

Qu'est-ce que c'est que monsieur Gontran de Mœursgué ?

LUCIE

C'est un jeune homme.

GONTRAN

Voilà tout ? (*A part.*) Elle est réservée. (*Haut.*) Eh
bien, que pensez-vous de ce jeune homme? (*Lucie ne
répond pas.*) On le dit charmant. Vous l'aimez, sans
doute ?

LUCIE

Je ne sais pas.

GONTRAN

Comment! vous ne savez pas?.. Voyons, soyez franche... vous l'aimez! (*S'animant.*) Il est impossible que
vous ne l'aimiez pas.

LUCIE

Oui, mon père.

GONTRAN

Si vous ne l'aimez pas, c'est que vous en aimez un
autre !

LUCIE

Oui, mon père.

GONTRAN, avec éclat.

Vous en aimez un autre ?

LUCIE

Je ne ne sais pas, mon père... Je dis comme vous.

GONTRAN, à part.

Elle dit comme moi ! (*Haut.*) Ce n'est pas une confession !.. Confessez-vous sérieusement, sapristi !

LUCIE, pleurant.

Je fais ce que je peux, mon père.

GONTRAN

Allons ! ne pleurez pas... (*A part.*) Si elle pleure, je
ne saurai rien. (*Haut.*) Je vais vous aider. Quels sentiments avez-vous éprouvés la première fois que vous
avez vu votre fiancé ?

LUCIE

J'étais dans ma chambre. Maman m'a appelée. Elle
m'a dit de mettre une robe neuve et de descendre au
salon. Je suis descendue. Il y avait là un ami de papa,
monsieur Rissolin. Il est venu à moi ; il m'a embrassée
sur le front et il m'a dit : Est-il vrai, mademoiselle, que
vous voulez bien être ma nièce ? Maman m'a fait un
signe de tête, et j'ai répondu : Oui.

GONTRAN

Mais ce jeune homme ? Parlez-moi de ce jeune
homme... Vous avez dû le regarder !..

LUCIE

Pardon, mon père !

GONTRAN

Il n'y a pas de mal. Vous l'avez regardé... Quelle impression a-t-il produite sur votre esprit ?

LUCIE

Je l'ai trouvé très comme il faut.

GONTRAN, à part, désolé.

« Très comme il faut ! » Enfin ! va pour « comme il

faut ! » (*Haut.*) C'est la première impression, cela... l'impression de tout le monde. Mais quand il vous parle, est-ce que vous n'éprouvez pas une émotion particulière, une émotion nouvelle pour vous ?

LUCIE

Oh ! si, mon père... j'ai toujours peur de répondre d'une façon qui déplaise à maman, et, comme elle nous écoute...

GONTRAN, à part.

Le fait est que sa mère est toujours là... C'est horripilant. (*Haut.*) Allons, je vois que vous ne vous rendez pas bien compte de vos sentiments.

LUCIE

Je ne sais pas, mon père.

GONTRAN, à part.

Elle ne sait pas. Moi non plus, du reste. Je continue à ne rien savoir. Abordons une autre question (*Haut.*) Vous avez prononcé un bien gros mot tout à l'heure : le mot de colère. Est-ce que vous tombez quelquefois dans cet affreux péché ?

LUCIE

Oui, mon père... et je m'en accuse.

GONTRAN

Y a-t-il longtemps que vous y êtes tombée ?

LUCIE

Ce matin même. Nous avions été rassortir des étoffes au Louvre, maman et moi. On nous avait montré un coupon de cachemire magnifique à quatre francs le

mètre. Cela nous avait donné l'idée de nous faire faire
deux robes pareilles ; mais le coupon n'avait que quatorze mètres en grande largeur. On nous promet de nous
fournir le reste, et ce matin le commis vient nous dire
que la pièce est épuisée. J'étais furieuse.

GONTRAN

Et vous avez battu le commis ?

LUCIE

Non, nous sommes allées au Bon-Marché.

GONTRAN, à part.

C'est une colère douce. (*Haut.*) Vous êtes coquette,
alors ?.. et orgueilleuse, probablement ?

LUCIE

Très-orgueilleuse. J'ai horreur des gants de fil.

GONTRAN

Ah !

LUCIE

Et je suis envieuse. Quand une de mes amies se fait
faire un nouveau chapeau, je tourmente maman jusqu'à
ce qu'elle m'en ait commandé un.

GONTRAN

C'est très-mal. (*A part.*) Elle n'a même pas la notion
des vices dont elle s'accuse. (*Haut.*) Enfin, voyons,
quelle idée vous faites-vous des devoirs que vous aurez
à remplir ? Vous allez être épouse, vous allez être mère...
Croyez-vous que vous aimerez vos enfants ? Comment
les éleverez-vous ?

LUCIE

Je les habillerai en Écossais.

GONTRAN, brusquement.

Assez !

LUCIE, tremblante.

Mais, mon père...

GONTRAN

J'en ai trop entendu.

LUCIE, effrayée.

Ah! mon Dieu !.. vous me refusez l'absolution !

GONTRAN, vivement.

Au contraire !.. Je vous la donne dix fois, vingt fois, cent fois. Vous pouvez vous retirer.

LUCIE

Sans pénitence?

GONTRAN

Sans pénitence.

LUCIE, avec effusion.

Oh! merci, mon père !.. merci ! (*Elle sort*).

SCÈNE CINQUIÈME

GONTRAN, seul.

Eh bien, me voilà renseigné, moi ! Je sais... que je ne sais rien. J'ai voulu confesser une femme, et c'est une jeune fille qui m'a répondu, la jeune fille modèle, la jeune fille idéale, la jeune fille indéchiffrable. C'est un instrument qui possède toutes ses cordes et qui n'a pas encore vibré. Il ne vibrera qu'après le mariage... Comment vibrera-t-il ? — Mystère. Et c'est pour avoir la clef de ce mystère que j'ai tué l'abbé Moncrabeau ! J'ai tué l'abbé Moncrabeau... et il n'y a pas de clef ! ! ! (*Au public.*) Défions-nous de toute précipitation : voilà la moralité de cette comédie.

La toile tombe

TABLE

Ho! le vert! par M. Charles Narrey.   1

La Part du Lion, par M. Adrien Decourcelle . .   53

Le Valet de Cœur, par MM. E. de Najac et
    H. Bocage   93

Tout chemin mène à Rome, par M. André Raibaud.   131

La Mouche, par M. Émile Guiard.   185

Aux arrêts, par MM. J. de Rieux et E. d'Au. . .   193

*Les deux Sous-Préfets de X****, par M. Jules
    Guillemot.   221

Le Cap de la Trentaine, par M. Eugène Verconsin.   241

L'Andalouse, par M. Alfred Billet.   275

Scrupules, par M. Ernest d'Hervilly.   311

Le Confessionnal, par M. Abraham Dreyfus . .   341

ÉVREUX, IMPRIMERIE DE CHARLES HÉRISSEY.